KB109846

논어98

논어98

발행일 2022년 3월 4일

지은이 성대현
펴낸이 손형국
펴낸곳 (주)북랩
편집인 선일영 편집 정두철, 배진용, 김현아, 박준, 장하영
디자인 이현수, 김민하, 허지혜, 안유경 제작 박기성, 황동현, 구성우, 권태련
마케팅 김회란, 박진관
출판등록 2004. 12. 1(제2012-000051호)
주소 서울특별시 금천구 가산디지털 1로 168, 우림라이온스밸리 B동 B113~114호, C동 B101호
홈페이지 www.book.co.kr
전화번호 (02)2026-5777 팩스 (02)2026-5747

ISBN 979-11-6836-210-9 03150 (종이책) 979-11-6836-211-6 05150 (전자책)

인간 관계의 미학(美學), 자기 수양의 지침서

논어 98

성대현 지음

한국고전종합DB의 논어 1~10편,
240구절 중에서 **98구절의 오역을 바로잡음**

북랩book Lab

한국고전종합DB의 논어 1~10편,
240구절 중에서 98구절의 오역을 바로잡음

책을 펴내며

나의 세 번째 글을 소개하는 설렘과 기쁨으로 인사를 대신한다. 전작인 『노자 도덕경 道』(2019)의 해석, 불가의 사상과 인간의 근원적 속성에 대한 통찰, 『깨달음』(2021)을 통한 만남 이후 일 년 만이다.

동양의 3대 사상, 유(儒), 불(佛), 도(道) 중에 2가지를 연구한 이후, 나머지 하나에 대한 호기심이 멈추지 않았다. 정작 일상생활에, 더 가까이 있는 유가의 관점에서 세상을 바라보는 일에 대한 이해가 가장 소홀했다. 한 번도 논어를 읽어보지 않았으면서도, 공자 사상을 어느 정도 이해하고 있다고 착각하며 살고 있었다. 약간의 호기심과 가벼운 마음으로 논어(論語)를 손에 들었다.

2021년이 저무는 밤에 한참 논어를 읽다 보니, 문뜩, '주희의 졸렬한 해석(論語集註)을 참고해 읽어야 할 이유가 무엇인가?' 이런 생각이 머릿속을 스치고 지나갔다. '공자께 직접 여쭤보고, 그 참뜻을 이해하자'라는 마음을 굳히고, 한 구절 한 구절 묻고 생각하는 과정을 반복한 기록이 이 글이다.

논어를 읽는 내내, 첫 구절의 "學而時習之(학이시습지), 不亦說乎(불역열호)?"에서 언급된 것처럼 즐거움을 만끽할 수 있었다. 읽고 시간을 들여, 뜻을 헤아리는 동안 커다란 기쁨과 희열이 찾아오곤 했다. 그 기쁨과 희열을 많은 사람과 나누고 싶어, 이 글을 전한다.

2022년 2월
清風明源에서

목차

들어가기

논어를 읽기 전에 다음 사항들을 준비하고 시작하면 이해에 많은 도움이 될 것이다.

춘추전국시대의 시대적 배경을 이해하고 시작하면 좋다. 가장 손쉬운 방법은 위키피디아에서 '춘추전국시대'로 검색하는 일이다. 저자의 전작 『노자 도덕경 道』를 참고한다면 더없이 고마울 따름이다.

기왕 위키피디아를 활용했으니, '공자'에 대해 검색하여 공자의 일생을 대략 살펴보고 시작함도 바람직하다.

글을 읽기 전에 내가 얻고 싶은, 그리고, 평소 궁금해했던 삶에 대한 몇 가지 질문을 정리하여 별도로 메모해 놓고, 필요할 때마다 꺼내어 생각해보는 방법은 더없이 훌륭하다. (예 아래 참조)

- 논어는 누구를 위한 책인가?
- 공자의 철학이 추구하는 바는 어떤 것인가?
- 논어는 무엇을 교훈으로 주고 있는가?(각 편, 각 구절마다 생각해 볼 사항임)
- 현대인의 삶 그리고, 나의 삶에 적용한다면, 어떤 교훈을 얻을 수 있는가?

통상, 논어에 대해 구조가 없는 대화의 나열이라고 이야기한다. 그러나, 그 뜻을 차근차근 살펴보고, 앞뒤의 구절들을 연결해 보면 논어의 구조를 찾을 수 있다.

논어는 급히 읽으려 하지 말자. 한 구절을 며칠이라도 생각해보고, 고민해 보면 그 교훈이 나에게 피와 살이 되는 것을 느낄 수 있다. 충분히 여유를 갖고 생각에 젖으면 즐거움이 배가 될 수 있다. (여력이 되면 한자를 읽고 감상하면 더 좋다)

읽기에 앞서, 2,500년 전 사용된 한자의 의미에 대해 간략히 살펴보고 시작하자.

- 정(政): 포괄적으로 모든(개인, 사회, 국가의) 다스림을 의미한다. 가끔 범위를 좁혀서 정치(政治)의 의미로 사용됨
- 예(禮): 포괄적으로 질서와 순서를 의미한다. 좁은 범위로 현대의 예의범절
- 락(樂): 포괄적으로 편안함, 즐거움을 의미한다. 좁은 의미로 음악(樂)을 지칭
- 성인(聖人): 왕, 제후를 의미함. 그중에서도 인격적으로 훌륭한 왕, 제후를 지칭
- 군자(君子): 귀족 계층 중에서 가장 인격적으로 높은 경지에 이른 사람을 지칭
- 공(公): 주나라가 분할되어 여러 국가로 나뉘며, 제후인 공(公)이 각 국가를 다스림
- 군(君): 임금, 황제, 왕 또는 제후를 지칭
- 부(夫): 귀족 계층을 지칭, 대부(大夫)는 그 가운데 영향력 있는 사람. 경이라고도 호칭
- 자(子): 부(夫)의 계층에 해당하는 사람의 이름을 빼고 부를 때, 자(子)로 호칭
- 백성(百姓): 춘추전국시대 말단 지방관리, 서민(民)을 다스림, 세금/부역의 최소 단위
- 민(民): 서민, 서인, 평민을 의미함

1편

학이學而

| 16구절 |

제1편의 첫 구절에는 논어의 핵심이 3개의 문장으로 정리되어 있다. 첫 번째 교훈 '어떻게 살아야 하는가?' 삶의 방법론에 대한 주제, 두 번째 교훈, '사람은 무엇으로 사는가?' 삶의 존재와 이유에 대한 주제, 세 번째 교훈, '사람은 어떤 목적으로 살아야 하는가?' 삶의 방향성에 대한 주제를 전개하고 있다. 두 번째 구절부터는 배움(學)에 대한 정의와 설명이 하나씩 펼쳐진다.

1.1

子曰: "學而時習之, 不亦說乎? 有朋自遠方來, 不亦樂乎? 人不知而不慍, 不亦君子乎?"

:: **해석**

공자께서 말씀하시길 "배우고 시간을 들여 익힌다면 즐겁지 않겠는가? 먼 곳에서 찾아오는 사람들이 벗을 이룬다면, 그 역시 즐겁지 않겠는가? 사람들이 나를 알아주지 않으면서, 그리고, (사람들의) 마음이 불편하지 않다면 군자답지 않겠는가?"

:: **해설**

제1편의 첫 구절은 공자 사상의 핵심이다. 첫 구절을 깊이 이해한 사람은, 논어의 뒤에 나오는 글을 굳이 읽을 필요도 없다. 신문도 헤드라인을 보면, 그 설명하고자 하는 내용의 핵심이 드러난다. 보고서에서도 대개 그 첫 두세 줄에 핵심을 이루는 내용이 정리되기를 원한다. 공자 생각의 틀과 인생에 대한 교훈을 전달하는 논어에서도 마찬가지이다. 첫 구절, 3개의 문장으로 핵심을 요약하고 있다.

첫 구문은 "사람은 어떻게 살아야 하는가?" 삶의 방법에 대한 주제이다. 사람은 태어나면서부터 죽을 때까지 배움(學)과 익힘(習)을 통해서 살아간다. 특히, 사회와 과학, 기술의 변화가 빠른 현대 사회에서는 더욱더 학습의 필요성은 절실하다.

사람은 아기 때부터 표정, 말, 걷기, 뛰기, 행동 등을 부모와 주위 사람들을 모방하면서 배우기 시작한다. 즉, 학습의 과정은 내가 속한 사회·집단의 주위 사람들과 동질성을 유지하기 위한 생존 본능에서부터 출발한다. 성장하면서 언어와 지식에 대한 학습도, 사회에서 잘 살아가기 위한 동질성 확보의 과정이라고 할 수 있다.

사회의 규모가 커지고, 세분되면서 학습의 방향과 목표, 단계 등이 다양해지고 있다. 하지만, 그 근본이 되는 학습의 요인은 동일하다. 성인이 되어서도 그렇고, 노년이 되어도 마찬가지이다. 학습을 멈춘, 배움이 없는 상태의 관점에서 생각해보면 오히려 이해가 쉽다. 어떤 형태로든 배움(學)과 익힘(習)을 멈추는 기간이 지속될수록, 그만큼 내가 속한 사회와 시대 환경의 발전 흐름에 뒤처지게 된다. 삶이 불편하게 되며, 주변 사람들과 환경에 대해 거리감이 조금씩 생겨난다. 자연적인 노화현상이나 질병보다 더 무서운 것은 주위 사람과 환경에 대한 거리가 벌어져서, 이질감과 고독을 느끼고, 불편하게 되며, 외로워지는 일이다.

그래서 평생 배우고 익히는 과정에서 살아가는 일이 필요하다. 그 과정에서 자신 스스로 기쁨(說)을 얻는 것이 공자가 설명하는 삶을 살아가는 방법이다.

두 번째 구문은 "사람은 무엇으로 사는가?" 삶의 존재 방식, 존재 이유에 대한 주제이다. 사람은 주위와 어울려서 관계를 맺고 살아간다. 그런, 관계를 맺는 과정, 그리고, 그 관계가 어떤 모습, 어떤 결과를 이루는지를 설명하고 있다.

통상적 해석인 "벗이 먼 곳에서 나를 찾아온다면 즐겁지 않겠는가?"로 이해한다면, 인생을 살면서 좋은 친구 몇 명이면 충분하다는 논리로 귀결된다. 즉, "친구를 잘 사귀어라." 정도이다. 동양의 최고의 사상가가 첫 핵심 구절에 "좋은 친구를 잘 사귀어라."라고 이야기를 했다는 것은 조금 석연치 않다. 그렇다! 지금까지 우리의 이해가 부족했기 때문이다.

이 문장은 붕(朋)이라는 글자의 의미를 주의해서 이해해야 한다. 붕(朋)은 같이 어울리는 동류의 사람들을 의미한다. 먼 곳, 어느 방향, 장소에서 찾아오는 다양한 사람과도 대화가 통하며, 친화를 이루어 동류의 사람이 됨이다. 즉 "벗이 될 수 있다면, 벗으로 존재할 수 있다(有)면 즐겁지 않겠는가?"로 풀이할 수 있다. 유(有)라는 글자는 그냥 붙여 놓은 것이 아니라 "그렇게 존재하다, 그렇게 되다"라는 의미이다.

두 번째 구문의 예는 결혼식, 돌잔치, 회갑 잔치, 생일잔치, 기념, 축하 모임 등에 해당한다. 멀리서도, 가까이에서도 다양한 사람들이 찾아와 축하해주고, 같이 즐거움을 나누는 모습이다. 결론적으로, 두 번째 구문은 사람들과 좋은 관계를 맺고, 즐거움(樂)을 나누는 것이 사람이 살아가는 이유라고 설명한다.

세 번째 구문은 "사람은 어떤 목적으로 살아야 하는가?" 삶의 방향성에 대한 주제이다. 통상적 해석인 "남이 나를 알아주지 않더라도, 노여워하지 않는다면 그 역시 군자답지 않겠느냐?"로 받아들인다면, 군자의 충분조건은 알아주지 않아도 잘 참고, 내색 아니하면 된다. 그렇다면, 우리 시대에는 참으로 군자가 많을 것이다. 다들 무시당해도, 화를 입어도 내색하지 않고, 잘 참으며 살기 때문이다.

기존의 통상적 방식 해석으로 세 문장 모두 묶어서 풀어보니, "(학교 가서) 선생님 말씀 잘 듣고 공부 열심히 하며, 친구들과 사이

좋게 지내고, 싸우지 말아라". 초등학교 시절 많이 듣던 이야기이다. 공자 사상의 핵심이 과연 이런 정도의 의미일까? 물론, 아니다.

세 번째 문장을 해석할 때 주의할 사항이 있다. 접속연결사, 이(而)의 쓰임새를 이해해야 한다. A 而 B의 경우 A와 B는 같은 동격, 동질의 성질이다. 이(而)는 영어의 and와 동일하다고 이해하면 쉽다. 논어가 읽기 어려운 이유는 주어가 생략되는 경우가 많기 때문이다. 또한, 목적어도 생략되는 경우가 많다. 그렇기 때문에, 주어와 목적어를 잘못 적용하는 경우, 그 뜻을 반대로 해석하기 쉽다.

세 번째 구문의 주어는 사람(人)이다. 정확히 표현하면 "사람들"이다. 즉, 단수가 아니다. 특정인을 지정하지 않고, 많은 사람을 이야기한다. '사람(人)'은 많은 사람과 그 관계를 정확히 할 수 없을 때 사용하는 표현이다. 이를 이해하고 '人不知而不慍'을 살펴보면, "사람들은 나를 모른다. 그리고, 사람들이 나에 대해 마음이 불편하지 않다"라는 2개의 문장이고, 주어는 모두 사람들이다. 목적어는 말하는 사람인 공자를 지칭할 수도 있고, 나 또는 누구라도 상관없다.

무슨 뜻인지 이해가 쉽지는 않다. 그래서, 그다음 구절을 먼저 살펴보자. "不亦君子乎?", 앞의 2개 문장과는 다르게, 상태를 나타내는 '기쁘다(說), 즐겁다(樂)'와는 다른 '군자(君子)'라는 명사가 위치하고 있다. "군자답지 아니한가?" 사람들이 나를 알지 못하고 나에 대해 마음속으로 불편함이 없는데, 어째서 "군자답다"라고 하는 것일까?

사람들이 공자를 알지 못했을까? 답은 알지 못했다. 당시, 공자는 정치적 영향력이 없는 사립학교 교장 선생님 정도였기 때문이다. 바로 주변의 사람이라면 모를까, 대다수의 서민은 학교의 교장 선생님이 누구인지 모른다. 현대를 살고 있는 우리의 경우에도 대다수의 서민은 통상 서울대학교 총장이 누구인지 모른다. 그러나, 대학교 총장 이름이 널리 알려지는 때가 있다. 비리, 범죄를 저질러 세간의 이목을 주목받을 때 주로 그렇다.

세 번째 구문은 인생의 목표를 의미한다고 설명했다. 군자는 공식적인 지위인 장관, 차관급(당시 대부) 이상의 직위나 자격이 아니다. 그렇지만, 주위와 일반 사람들의 마음속에 불편함이 없는, 주변 사람들이 속으로 욕하지 않는 사람이다. 즉, 인격적으로 훌륭한 사람을 의미한다.

대부분의 사람은 그런 고위 관료가 아니다. 그런 고위 관료가 될 수도 없다. 가능성이 없다는 것이 아니라, 숫자상으로 고위 관료의 수는 한정되어 있기 때문이다. '군자'를 상당량 이상의 학문을 해야 얻을 수 있고, 인격을 많이 쌓아야 얻을 수 있는 지위, 자격으로 오해하지 않아야 한다. 지위나 자격은 눈에 보이는 기준이다. 그런 눈에 보이는 기준보다 더 소중한 것은 두 번째 구문의 주제인 삶의 존재 방식, 존재 이유를 벗어나지 않음이다.

삶의 목표를 이루는 가운데, 주위 사람을 어렵게 만들고, 주위 사람을 밟고 올라가 지위나 자격을 얻으려는 사람이 있다. 삶의 목표에 대한 이해가 올바르지 않기 때문이다. 목표보다 앞서서 과정에 대한 이해가 필요하다. 삶은 과정이 모이고 모여서 최종 목적지에 도달하기 때문이다.

누군가 "내 인생의 목적지는 군자가 아닌데요? 남들이 알아주지 않아도 되고, 어느 정도만 부(富)나 지위를 이루는 삶이면 충분합니다."라고 말할 수도 있다. 삶의 가치를 어디에 두는지에 따라, 얼마든지 다른 목표를 가질 수는 있다. 하지만, 중요한 점은 그런 목표를 설정하는 과정에서도 다른 사람과의 관계를 먼저 살펴야 한다.

즉 목적을 이루어 가는 과정에서 사람들에게 직접·간접적으로 크고 작은 원한·원망을 쌓는 일을 하지 않아야 한다. 내가 죽은 이후에(사람들이 더 이상 나를 알지 못하는 시기에), 사람들이 나를 바라보며 속으로 비난과 원망을 쏟아낸다면, 그런 삶은 바람직했다고 하기 어렵다.

이런 관점에서 생각해보면, 웬만큼의 자기 수양으로는 군자의 길, 목표를 찾아가는 것은 쉽지 않은 일이다. 공자를 존경하고, 우러러보는 이유는 부와 귀함, 높은 지위에 얽매이지 않는 삶을 스스로 실천했기 때문이다.

그런 공자가 죽은 후에, 제자들이 축문에 '학생부군신위(學生府君神位)'라 쓰고, 그 모습을 돌아보았을 것이다. 우리 시대 대부분 사람들도 '학생부군신위'라는 표를 달고 제사를 지낸다. 수천 년간, 위 3개의 구문이 주는 교훈에 따르는, 그런 삶을 추종해왔고, 그런 삶을 살려고 노력함이다.

그러나, 그 참뜻을 올바로 이해하지 못하고, 조금이라도 더 많은 돈과 지위, 명성을 차지하려고, 갖은 올바르지 못한 방법을 동원하며 살아간다. 누군가에게 나쁜 짓을 하고, 모질게 대하고, 공정한 나눔이 부족한 법과 규칙을 만들어 내가 더 많이 가져가곤 한다. 사람들의 마음에 그런 모습과 행위에 대한 이미지가 축적되어, 죽은 후에 겉으로는 추모하나, 속으로는 원망을 삭인다.

요약하자면, 세 번째 구문이 일깨워 주는 교훈은 인생의 목적은 선(善)하고 인(仁)한 삶이라는 것이다. 즉, 사람들이 눈살을 찌푸리지 않는(不慍) 삶, 즉, 주위와 어울려 조화를 이루는 삶이다.

참고

- **열**(說): 기쁨, 즐거움, 혼자서 누리는 마음속의 즐거움, 희열이다.
- **락**(樂): 즐거움, 편안함, 여럿이 같이 누리는 즐거움. 즉, 조화와 균형의 나눔에서 오는 즐거움이다. 그 즐거움이 소리를 통해서 누리게 될 때, 음악(樂)이 된다.
- **온**(慍): 마음속의 온도가 올라가는 모습. 아직 화(마음의 온도)를 표현하기 이전의 상태.
- **노**(怒): 화냄, 성냄, 마음속의 온도가 올라가 끓어 넘치는 상태. 외부에 표정으로 표출, 언어, 행동으로 표현의 상태.
- **붕**(朋): 같은 동류의 그룹, 무리를 의미한다. 현대에서 상당히 범위가 축소되어 주로 벗, 친구라는 용어로 사용되나 여기서는 나이를 떠나서 같이 어울리는 모든 사람 정도이다.
- **자**(自): 여기서는 '~으로, ~에서'의 의미로 쓰임. 장소 등의 앞에 있는 전치사이다.

학(學)은 배움, 지식의 받아들임(정보)을 의미하고, 습(習)은 받아들인 것을 익혀서 활용할 수 있는 단계를 의미한다. 주식투자에 관한 공부를 예를 들어보자. 투자하기 전에 정보와 방법에 대한 지식을 최대한 많이 얻으려 노력한다. 그러나, 그런 정보를 익혀서 나에게 체질화(習)하는 과정이 없다면, 많은 정보와 방법의 하나에 혹해서 투자하기 쉽다. 습(習)은 시간과 노력이 많이 드는 과정이다. 습에 대한 노력과 자세와 방법이 투자의 결과를 올바르게 이끌어(道) 준다.

1.2

有子曰: "其爲人也孝弟, 而好犯上者, 鮮矣. 不好犯上, 而好作亂者, 未之有也.君子務本, 本立而道生. 孝弟也者, 其爲仁之本與!"

:: **해석**

유자가 말하기를, "그 사람됨이 효성스럽고 겸손하면서, 윗사람의 마음을 거스르기를 좋아하는 사람은 드물다. 윗사람의 마음을 거스르기를 좋아하지 않으면서, 질서를 어지럽게 만드는 것을 좋아하는 사람은 아직 없었다. 군자는 근본에 힘쓴다. 근본을 세우고(本立), 올바른 삶(道生)에 최선을 다한다. 효(孝)와 제(弟)는 인(仁)의 근본이 된다!"

:: **해설**

근본에 힘쓰고, 근본을 세우는 삶이 무엇인지 이해하기 어렵다면, 근본을 벗어나는 경우를 생각해보면 이해가 빠르다.

근본을 벗어나는 행위는 우리 주변에서 쉽게 찾아볼 수 있다. 본질을 벗어나, 자신의 이익과 욕심의 관점에서 행위를 벌이는 일이 대표적이다. 굳이 멀리 정치인의 모습을 통해서 찾을 필요도 없다. 주위에서 아니, 스스로 돌이켜보면 얼마나 본질을 벗어난 삶에 시간을 보내고 있는지 쉽게 알 수 있다.

논어는 타인을 훈계하기 위한 지침서가 아니다. 자기 자신을 수양하기 위한 가이드이다. 자신 스스로 삶의 모습들을 나열해 놓고, 하나하나 얼마나 본질에 충실한지, 그리고 그에 따라 실천하는지를 성찰하는 데 도움을 주는 교훈이다. 이를 통해 올바름이 이끌어주는 삶(道生)을 살게 된다.

1.3

子曰: "巧言令色, 鮮矣仁."

:: **해석**

공자께서 말씀하시길, "그럴듯하게 꾸민 교묘한 말과 행동(얼굴)에는 어질음(仁)이 드물다."

1.4

曾子曰: "吾日三省吾身. 爲人謀而不忠乎? 與朋友交而不信乎? 傳不習乎?"

:: **해석**

증자가 말하기를, "나는 매일 세 가지에 대해 나 자신을 반성한다. 다른 사람을 위한 일에 충실하지 않았는지? 벗과 사귐에 신뢰를 잃지 않았는지? 배운 것을 스스로 익히지 않았는지?"

1.5

子曰: "道 千乘之國, 敬事而信, 節用而愛人, 使民以時."

:: **해석**

공자께서 말씀하시길, "천 대의 전차를 가진 나라를 다스릴 때는, 일을 정성껏 처리하고 신의를 다하며, 절약하고 사람들을 사랑하며, 서민들에게 일을 시킴에 있어서는 시기를 적절히 가려서 해야 한다."

참고

- **만승지국**: 만 대의 전차를 보유한 규모의 국가. 즉, 황제가 다스리는 국가(영역)를 의미
- **천승지국**: 천 대의 전차를 보유한 규모의 국가. 즉, 제후국을 의미
- **백승지방**: 백 대의 전차를 보유한 지역, 즉 대부(大夫)가 다스리는 영역을 의미

1.6

子曰："弟子入則孝, 出則弟, 謹而信, 汎愛衆而親仁. 行有餘力, 則以學文."

:: **해석**

공자께서 말씀하시길, "젊은이들은 집에서 부모님께 효도하고, 밖으로 나가면 윗사람을 공경하며, 언행을 신중히 하고 신의를 지키며, 널리 사람을 사랑하고 어질음(仁)을 가까이한다. 이렇게 하고도 여력이 있으면, 학문에 힘쓴다."

1.7

子夏曰："賢賢易色, 事父母能竭其力, 事君能致其身, 與朋友交言而有信. 雖曰未學, 吾必謂之學矣."

:: **해석**

자하가 말하기를, "현명하고 또 현명한 사람은 보이는 현상을 쉽게 여기며, 부모를 섬김에 있어서 온 힘을 다하고, 임금을 섬김에 있어서 자기 몸을 다하며, 벗과 함께하는 가운데 언어에 신뢰가 있다. 비록 배우지 아니했다 하더라도, 나는 그것이 바로 학문을 하는 이유라고 할 것이다."

:: **해설**

현현(賢賢)의 표현은 현명하고 현명함을 지닌 현자를 의미한다. 즉, 진실로 현명한 사람은 색(色)을 쉽게 여긴다는 뜻이다. 색(色)은 현상계에서 일어나는 모든 상황과 물질을 이야기한다. 천년 후, 당나라 시대 초기에 불가(佛家)에서 반야심경(般若心經)에 색즉시공(色卽是空)이라는 표현을 사용했다. 이로 인해 널리 알려진 표현으로, 2,500년 전 춘추전국시대에도 색(色)은 현상계에서 일어나는 것을 지칭하는 포괄적 의미로 사용되고 있다. 좁은 의미로는 얼굴, 용모, 자세를 나타내기도 하며, 더 한정적으로 여색(女色)을 줄여서 색(色)으로 표현하기도 하였다.

지식과 지혜가 높아질수록 현상에 대한 이해가 쉬워지고, 세상을 대하는 자세가 편안하게 된다. 아울러, 물질과 사람의 관계에서도 집착하지 않게 되며, 생각이 유연하게 되어 태도와 행동이 여유로워진다. 결론적으로 이 구절에서는 학문하는 목적이 앞부분에 언급되고 있다. 즉, 세상을 이해하고, 부모에 효도하고, 국가에 충성하고, 인간관계를 좋게 만들기 위함이다.

참고

현현(賢賢)은 글자의 중복 표현 기법을 통해 현명함을 강조하고 있다. 또한, 현자다운 현인으로 해석을 할 수도 있다. 이는 사물, 사람의 본질에 가까운 상태, 정명(正名)을 의미한다. 통상, 그 이름값을 한다고 하는 말도 같은 맥락이라 할 수 있다.

1.8

子曰: "君子不重則不威, 學則不固. 主忠信, 無友不如己者, 過則勿憚改."

:: **해석**

공자께서 말씀하시길, "군자는 무게잡지 않는다. 즉, 권위나 위엄을 내세우지 않는다. 학문에 있어서는 (자신의 것, 기존의 틀을) 고집하지 않는다. 충성과 신의를 주된 가치로 삼고, 자기와 다른 사람과 사귐에 대해 꺼리지(집착) 않으며, 과오에 대해서는 서슴없이 고친다."

:: **해설**

무우불여기자(無友不如己者)는 9편 25구절에 나오는 毋友不如己者와는 다른 의미로 사용되고 있다. 여기서 무(無)는 하지 말라는 금지사가 아니라, '집착하지 않다', '초월하다'라는 뜻이다.

1.9

曾子曰: "愼終, 追遠民 德歸厚矣."

:: **해석**

증자 왈 "(학문이, 행위가) 마음을 다해 이루어지고, 멀리 서민을 추구하면, 덕이 두텁게 (서민들에게) 돌아갈 것이다."

:: **해설**

이 구절은 주어가 생략되었기 때문에, '무엇을 마음을 다해 이루느냐'에 따라 내용이 현저하게 달라진다. 필자는 제1편이 학이(學而)이기 때문에, 주어를 학(學)이라고 해석하였다.

한자를 읽을 때 어려운 점 가운데 하나는 띄어쓰기나 문장 부호가 원문에는 없다는 점이다. 그래서, 후세 사람들이 띄어쓰기를 잘못한 내역 그대로 읽다 보면 의미가 정반대로 뒤집히는 경우가 종종 있다.

추원민(追遠民)은 학문의 목적이 서민을 잘 다스리는 데 있음을 의미한다. 배움의 목적을 나 자신의 지위를 높이는 일과 영달을 추구함이라 여기지 않고, 서민들의 삶을 올바로 다스리기 위한 것이다. 멀리 있지만, 더 큰 범위에 해당한다. 그런 큰 목적을 기반으로 한다면, 덕(德)이 두텁게 서민들에게 돌아간다.

참고

1편 9절에서 덕(德)이라는 글자가 처음으로 나온다. 서민의 영역까지 시각이 확장된 구절이다. 학(學)을 이루는 목적과 시각이 구절을 더해가며 사회와 국가로 확장되고 있음을 느끼면서 논어를 읽는다면 그 즐거움(說)이 배가 될 것이다.

1.10

子禽問於子貢曰: “夫子至於是邦也, 必聞其政, 求之與, 抑與之與?” 子貢曰:“夫子 溫良恭儉讓以得之. 夫子之求之也, 其諸異乎人之求之與!”

:: **해석**

자금이 자공에게 물어보기를, “공자께서 어떤 나라에 도착하시면, 반드시 그 다스림(政治)을 들으시니, 그것을 구하시고, 물러나신 후에 그것을 함께 나누시었는가?”

자공이 말하기를 “공자께서는 따듯함, 선량함, 공경, 검소, 겸양을 그 다스림에 관하여 얻으시니, 공자께서는 그것을 구한 것이다. 그것은 다른 사람들이 구한 것과는 다른 것이다.”

:: **해설**

어떤 나라에 도착하면 그 나라의 정치 방법에 대해 물어보고, 이야기를 듣고, 그것에 대해 공자와 제자들이 의견을 교환하는 상황에 관해 설명하고 있다.

동일한 이야기를 들었지만, 듣는 사람의 관심과 수준에 따라, 다른 이야기가 들린다는 의미이다. 듣는 사람이 정치의 기술과 화려함에 관심이 있다면 그런 방향으로 이해했을 것이고, 듣는 사람이 해당 국가에서 한 자리를 얻으려는 목적을 가지고 듣는다면, 세도가 간의 역학관계에 관심을 기울인다. 권력자가 누구인지, 무엇을 좋아하는지 관점에서 주로 들었을 것이다. 공자는 정치의 기술이나 방법이 아닌, 그 나라 정치가 목적하는 바, 지향하는 바에 관심을 기울였다. 그 지향하는 바를 따듯함(溫), 선량함(良), 공경(恭), 검소(儉), 겸양(讓)의 관점에서, 어떻게 정치에 드러나고 있는지를 살펴본 것이다.

우리의 정치인들이 만나면, 따듯함, 선량함, 공경, 검소, 겸양의 관점에서 정치적인 대화를 주고받고 있는지, 생각해 볼 일이다. 남이나, 타국을 비난하기에 앞서 나와 우리가 부족한 것이 무엇인지 생각해 보는 일이 우선이다.

참고

1.9절에서 서민 삶의 영역까지 시각을 확장한 후, 그 관점이 1.10절 정치에 대한 이해로 이어져 설명되고 있다.

1.11

子曰: "父在觀其志, 父沒觀其行, 三年無改於父之道, 可謂孝矣."

:: **해석**

공자께서 말씀하시길, "아버지께서 살아 계실 때는 그 뜻을 살피고, 돌아가신 후에는 그 행적을 살피며, 3년간 아버지께서 이끄는 삶의 방향을 따르고 고치지 않으면, 가히 효(孝)라 할 수 있다"

참고

도(道): 논어에서 사용되는 도(道)의 의미는 도가에서 지칭하는 만물의 이치를 의미하는 포괄적인 의미가 아니라, 주로 '올바른 길, 방법, 올바르게 이끄는' 모습을 표현하는 한정적 의미로 이해함이 적절하다.

1.12

有子曰: "禮之用, 和爲貴. 先王之道, 斯爲美, 小大由之. 有所不行, 知和而和, 不以禮節之, 亦不可行也."

:: **해석**

유자 왈 "예(禮, 질서)의 쓰임은 조화롭게 됨을 귀하게 여기는 일에 있다. 선왕의 도(道, 국가를 올바로 이끎)는 이것을 아름답게 여기고, 작은 일과 큰일 모두 이것을 따라 행했다. 행해서 안 될 것이 있으니, 단지 조화롭게 됨을 아는 것을 조화로움으로 여기는 일과 예를 지키지 않고 조화로움을 단절시키는 일은, 또한, 행해서는 아니 된다."

:: **해설**

아는 것에 그치고 실행하지 않는 것과 실행이 올바르지 못함에 대해서 모두 경계하고 있다. 공자의 예(禮)는 현대의 예의범절보다 확대된 개념이다. 즉, 질서를 의미한다. 그 질서의 본질에는 조화로움(和)이 기초로 자리한다. 1.2절에서 '군자는 본질에 힘쓴다.' 했다.

조화(和)를 깨뜨리는 예의범절은 본질을 무시한 일이다. 예(禮)가 부족함도 곤란하지만, 과해서도 문제가 될 수 있다. 본질이 무엇인지 먼저 살펴보아야 한다. 과유불급(過猶不及)이라 하지 않았는가!

예(禮)에 대한 학(學)과 습(習)의 과정에서 본질을 잊고, 과하게 예(禮)의 형식만 취하려 하는 일도 문제가 됨을 설명하고 있다.

1.13

有子曰: "信近於義, 言可復也. 恭近於禮, 遠恥辱也. 因不失其親, 亦可宗也"

:: **해석**

유자 왈 "의(義)로움으로써 가까운 사람을 신뢰하면, 언어가 되풀이(반복 실행)될 수 있다. 예(질서를 기초하여)로써 가까운 사람을 공경하면 수치와 모욕을 멀리하게 된다. 그것으로 인하여, 친함을 잃지 않게 되며, 또한, 가히 (가정, 집단, 국가의) 근원을 이룰 수 있다.

:: **해설**

배우(學)고 실천(習)하는 일은 가까운 사람들과 관계를 올바로 하는 일부터 시작된다. 그 내용으로는 의로운 것(義)과 질서(禮)를 배우고 실천함이다.

만약, 의로움을 바탕으로 하지 않는 신뢰라면, 믿음이 깨어지기 쉽고, 똑같은 말과 행위를 반복적으로 할 수 없을 것이다. 예(질서와 순서)를 무시한 행동은 수치심과 모욕을 불러올 것이다. 그렇게 되면 가까운 사람이라 할지라도 친함을 잃게 된다. 그리고, 가정은 혼란해지며, 사회와 국가는 그 근원이 무너지게 됨을 이야기하고 있다.

결국, 학(學)은 의로움(義)에 대한 배움을 의미하며, 습(習)은 질서(禮)를 습관화하고 익히기 위한 반복 실행의 과정이다.

참고

현대 사회에서도 위의 이치는 동일하게 적용된다. 가정, 사회가 그 근원과 종주를 잃고, 친함을 잃고, 불화가 늘고 있다면 의로움을 잃어버린 상황에서 질서(禮)를 강조하거나 강제하여 수치와 모욕이 난무하기 때문이 아닌지 살펴볼 일이다. 즉, 올바른 배움을 찾지 못하고, 비틀어진 예(禮)의 강요가 그 폐단이 된다. 특히 조선시대 사대부에 의한 당쟁은 그 의미를 올바로 이해하지 못한 상황에서, 비틀어진 예(禮)만 추구하였기 때문이다. 국가의 종(宗)주가 올바로 서지 못한 사례이다. 그래서, 결국 망했다.

1.14

子曰: "君子食無求飽, 居無求安, 敏於事而愼於言, 就有道而正焉, 可謂好學也已."

:: **해석**

공자께서 말씀하시길, "군자(君子)는 배불리 먹지 않으며, 편안한 거처를 구하지 않으며, 일에는 민첩하고 말을 삼가며, 올바른 길과 바른 방법을 취한다. 그리고, 가히 학문을 좋아한다고 말할 따름이다."

참고

도(道)는 올바른 방향, 올바른 길이고, 정(正)은 바른 방법이다. 도는 노자에서 언급된 것처럼 그 정의를 규정하거나 정리하기 어려운 큰 방향성이다.

정(正) 또한 바르다는 뜻이나, 도의 언어적 의미보다는 한정되어, 쉬운 용어로 바름을 의미한다. 굳이 차이를 구분하자면 정은 인간이 인식하는 올바른 방법이며, 도는 인간 인식의 한계를 뛰어넘는 하늘의 뜻에 따르는 큰 우주의 원리에 의한 올바른 길이 포함된다.

1.15

子貢曰:"貧而無諂, 富而無驕, 何如?" 子曰:"可也, 未若貧而樂, 富而好禮者也." 子貢曰:"《詩》云, '如切如磋, 如琢如磨' 其斯之謂與?" 子曰:"賜也, 始可與言《詩》已矣, 告諸往而知來者!"

:: **해석**

자공이 말하길, "가난하면서도 아첨하지 않고, 부유하면서도 교만하지 않으면, 어떻습니까?" 공자께서 말씀하시길, "좋다. 하지만, 가난하면서 즐거워하고, 부유하면서도 예를 좋아하는 사람만은 못하다."

자공이 말하길, "『시경』에 '자른 것 같고 간 것 같고 쫀 것 같고 닦은 것 같다' 라고 한 것은 바로 이런 것을 두고 말하는 것이겠습니다."

공자께서 말씀하시길, "사(자공)는, 이제 함께 『시경』을 이야기할 수 있게 되었구나. 지나간 일을 일러주었더니 앞으로 닥쳐올 일을 아는구나."

:: **해설**

하나를 배우면 둘을 아는 모습이다. 배움(學)이란 하나를 배우더라도, 시간과 노력을 들여 익힘(習), 즉, 절차탁마(切磋琢磨)를 통해서 다른 곳에 적용하고 응용할 수 있어야 의미가 있다.

1.16

子曰: "不患人之不己知, 患不知人也."

:: **해석**

공자께서 말씀하시길, "남이 나를 알아주지 않음을 걱정하지 말고, 내가 남을 알지 못함을 걱정하여라."

:: **해설**

학습의 목적에는 지식을 쌓는 것 이외에도, 다른 사람을 올바로 바라보고, 다른 사람을 올바로 이해하는 능력을 키우는 것이 포함된다. 어리석고, 무능하며, 사리사욕에 눈이 어두운 부패한 사람임을 알지 못하고, 권위와 지위를 부여한다면 나라가 어떻게 되겠는가?

내가 사람을 볼 줄 아는 능력이 부족하다면, 심각하게 우환을 두려워해야 한다. 안일하게 노력하여 대충 부족함을 메울 일이 아니기 때문에, 환(患)이라는 글자를 사용하였다.

참고

환(患)이라는 글자의 자형이 참으로 재미있다. 충(忠)이 아래에 포함되어 있다. 마음을 다하는 모습이다. 그런데 위에 입(口)이 하나 더 얹어져 있다. 말로만 충심을 다하는 위선이다. 말로만 충심을 다하는 경우, 나중에 두려운 일이 벌어지기 때문이다.

2편

위정 爲政

| 24구절 |

위정은 '다스림을 이룬다'라는 의미이다. 정(政)이 정치(政)를 의미하는 협의의 의미로 사용되기도 하지만, 포괄적인 의미의 다스림을 의미한다. 제2편에서는 자기 자신에 대한 다스림, 자기 수련(self-cultivation)의 뜻으로 자주 사용된다.

2.1

子曰："爲政以德，譬如北辰，居其所，而衆星共之."

:: **해석**

공자께서 말씀하시길, "덕(德)으로써 다스림을 이루는 것은, 비유하자면 마치 북극성과 같다. 북극성은 제자리에 머물러 있는데, 모든 별이 그것을 (기준점으로) 향하는 것과 같다."

:: **해설**

결국, 다스림(政)의 목적은 덕(德)을 향한다. 만인에게 덕을 이루는 방향으로 다스리는 행위를 실행하여야 한다. 자기 자신을 위해 다스림을 행한다면, 목적을 잃어버리고 떠도는 별과 같은 모습이다.

하늘을 이루는 수많은 별이 모두 북극성(德)을 향하고 있는데, 나만 혼자 다른 방향으로 향하고 있다면 하늘의 순리를 어기고, 외톨이가 되는 일이다.

2.2

子曰: "詩三百, 一言以蔽之, 曰 思無邪."

■ 관련: 1.2 本立而道生

:: **해석**

공자께서 말씀하시길, "『시경』의 시 삼백 편을 한마디로 개괄한다면, 생각에 사악함이 없다."

:: **해설**

시(詩)는 마음속 깊이 자리한 진실을 드러낸다. 시(詩)를 접하는 것은 생각의 본질에 가까워지는 일이다.

화려한 기법의 언어로 포장한 시(詩)보다 기쁘고, 슬프고, 그립고, 아쉬움이 배 있는, 깊은 진솔함이 배 있는 시(詩)를 좋아하는 이유이다. 사악한 거짓과 위선으로 시를 쓴다면, 사람들은 이내 알아차리고 그 글귀는 사장되어 잊혀진다.

다스림(爲政)의 속성 또한 이와 유사하다. 덕(德)을 향한 진솔함이 본질을 이루어야 한다. 거짓과 위선으로 덕을 행한다면, 오래 지나지 않아 그 위선이 드러난다.

참고

폐(蔽)는 책을 덮고, 개괄하여 한마디로 요약 설명하는 모습이다.

시경(詩經)은 사서삼경 중의 하나이다. 삼경(三經)은 시(詩)경, 서(書)경, 역(易)경이다. 서경은 고대 중국 왕가의 역사에 대한 기록, 역경은 음과 양을 기초로 한 세상 변화의 기운을 설명한 기록이다. 공자시대 이전에는 삼경(三經)만 존재하였다. 시간이 흐른 후에 논어, 맹자, 대학, 중용 사서가 만들어졌다.

2.3

子曰: "道之以政, 齊之以刑, 民免而無恥. 道之以德, 齊之以禮, 有恥且格."

■ 관련: 1.2 好犯上者, 好作亂者

:: **해석**

공자께서 말씀하시길. "다스림으로써 올바름을 이끌고, 형벌로써 질서를 유지한다면, 서민들은 그것(다스림과 형벌)을 모면하려 하고, 부끄러움이 사라진다. 덕으로써 올바름을 이끌고, 예로써 질서를 유지하면 부끄러움을 갖게 되고, 격식을 갖추게 된다."

참고

- **질서**(齊): 국가, 사회, 가정의 질서를 유지하는 일
- **형**(刑): 형벌, 법을 의미

2.4

子曰: "吾十有五而志于學, 三十而立, 四十而不惑, 五十而知天命, 六十而耳順, 七十而從心所欲, 不踰矩."

■ 관련: 1.2 君子務本, 本立而道生

:: **해석**

공자께서 말씀하시길, "나는 열다섯 살에 학문에 뜻을 두었고, 서른 살에 (학문을) 수립하였으며, 마흔 살에는 미혹되지 않았고, 쉰 살에는 나에게 주어진 천명이 무엇인지를 알게 되었으며, 예순 살이 되어서는 순리가 들리게 되었으며, 일흔 살에는 마음이 이끄는 대로 행해도, 법도와 순리에서 벗어나지 않았다."

:: **해설**

공자는 서른 살에 군자의 도리를 실천하기 위한 학문을 수립하였다. 그리고, 올바른 삶을 지속 추구하여, 사십 대에는 자신 삶의 본질에 대해 흔들리지 않게 되었다. 40대에는 인생의 위기를 여러 번 겪었으며, 50대에 이르러서는 자신이 이루어야 하는 삶이 어떤 것인지, 하늘의 뜻을 알게 되었다.

공자는 53세부터 14년간 자신의 정치적 뜻을 알아줄 제후를 찾아 천하를 떠돌아다녔다고 한다. 하지만, 논어의 내용을 자세히 살펴보면, 정치적 뜻을 찾아 다녔기보다, 혼란한 세상 속에서 은둔하며 하늘에서 받은 자신의 천명(天命), 즉, 자신의 사상을 후세들에게 널리 전파하는 일을 수행한 것으로 보인다.

2.5

孟懿子問孝. 子曰: "無違." 樊遲御, 子告之曰: "孟孫問孝於我, 我對曰無違." 樊遲曰: "何謂也?" 子曰: "生, 事之以禮. 死, 葬之以禮, 祭之以禮."

■ 관련: 1.2 孝弟也者, 其爲仁之本

:: **해석**

맹의자가 효도에 관해 여쭤보자, 공자께서 말씀하시길, "어기지 않는 것이다." 번지가 공자를 모시고 수레를 몰 때, 공자께서 그에게 말씀하시길, "맹손이 나에게 효도에 관해 묻기에, 내가 어기지 않는 것이라고 대답했다." 번지가 "무슨 말씀이십니까?"라고 하자. 공자께서 말씀하시길, "살아 계실 때는 예로써 섬기며, 돌아가신 후에는 예로써 장사를 치르고, 예로써 제사를 지내는 것이다."

2.6

孟武伯問孝. 子曰: "父母唯其疾之憂."

■ 관련: 1.2 孝弟也者, 其爲仁之本, (慈愛)

:: **해석**

맹무백이 효에 관하여 여쭤보자, 공자께서 말씀하시길, "부모는 오직 자식이 병들지 않을까 걱정한다."

2.7

子游問孝. 子曰: "今之孝者, 是謂能養. 至於犬馬, 皆能有養. 不敬, 何以別乎?"

■ 관련: 1.2 孝弟也者, 其爲仁之本

:: **해석**

자유가 효도에 관하여 여쭤보자. 공자께서 말씀하시길, "오늘날의 효도는, 단지 부모를 봉양하는 능력을 말한다. 그러나, 개와 말도 모두 먹여 살리는 일이 있다. 공경하는 마음이 없다면, 무엇으로 개나 말과 구별할 것인가?"

2.8

子夏問孝. 子曰: "色難. 有事, 弟子服其勞, 有酒食, 先生饌, 曾是以爲孝乎?"

■ 관련: 1.2 孝弟也者, 其爲仁之本

:: **해석**

자하가 효도에 관하여 여쭤보자, 공자께서 말씀하시길, "(부모 앞에서) 부드러운 안색을 유지하기가 어렵다. 일이 있으면 아랫사람인 자식이 노력을 다하고, 술과 음식이 있으면 부모가 먼저 드시게 하는 일, 어찌 이렇게 하는 것만을 효도라고 여기겠느냐?"

:: **해설**

색(色)은 안색 및 태도, 행동 등, 보이는 모습을 모두 의미한다. 부모에게 근심을 끼치는 모습을 보이지 않는 것이 효도라고 설명하고 있다. 즉, 효는 물질적인 것보다 정신적인 평안을 드리는 것이 우선이다.

2.9

子曰: "吾與回言終日, 不違如愚, 退而省其私, 亦足以發, 回也不愚."

■ 관련: 1.3 巧言令色

:: **해석**

공자께서 말씀하시길, "내가 안회(顔回)와 종일토록 이야기해 보니, 내 말을 어기지 않는 것이 마치 어리석은 사람인 것 같았다. 그러나, 물러간 뒤에 그의 생활을 살펴보니, 내가 말한 바의 이치를 충분히 드러내 밝히니, 안회는 어리석지 않구나!"

:: **해설**

안회는 공자가 가장 아끼는 제자였다. 밖으로 드러나는 모습은 청빈하고 겸손하였다. 학습(學習)을 게을리하지 않아서 이치에 밝았으며 사람들을 배려하고, 드러내지 않으니, 인(仁)품을 지닌 뛰어난 제자였다.

2.10

子曰: "視其所以, 觀其所由, 察其所安, 人焉廋哉? 人焉廋哉?"

■ 관련: 1.4 吾日三省吾身

:: **해석**

공자께서 말씀하시길, "그 하는 일의 이유를 바라보고, 그 지나온 과정을 관찰하고, 그 속으로 이어지는 바를 살핀다면, 그의 사람됨을 어디에 숨기겠는가? 그의 사람됨을 어디에 숨기겠는가?"

참고

- **소이**(所以): 까닭, 원인, 이유가 되는 바
- **소유**(所由): 경과, 과정, 말미암아 이루어지는 바
- **소안**(所安): 속으로 이어지는 바, (드러나지 않을 수도 있지만) 결과로 귀결되는 바
- **수**(廋): 은폐하다, 숨기다

2.11

子曰: "溫故而知新, 可以爲師矣."

■ 관련: 1.4 吾日三省吾身

:: **해석**

공자께서 말씀하시길, "옛것을 익히고 새로운 것을 알면, 가히, 스승이라 할 수 있다."

:: **해설**

옛것만 알고, 새로운 것에 대한 이해가 없다면 고리타분하게 된다. 옛것을 모르고 새로운 것만 안다면 방자하기 쉽다. 옛것을 모르는데, 새로운 것을 알기는 실제로 쉽지 않다. 그런 사람이 있다면 신(神)을 뛰어넘는 경지이다.

기존의 학문에 대한 이해가 부족한 상황에서, 새로운 것을 쌓는 일은 기초가 부족한 상태에서 높은 건물을 올리는 것과 비슷하다. 기초가 부족한 건물은 어느 정도 쌓다 보면 무너지거나 부실하기 쉽다.

반면, 기초만 만들고 쌓지 않는다면 실용성이 없게 된다. 아무 쓸모도 없이, 터만 닦는 것이 무슨 의미가 있겠는가? 아무리 깊은 공자, 노자, 불교의 사상도 현시대에 교훈을 제시할 수 없고, 도움을 줄 수 있는 구문이 없다면, 아무런 의미가 있다. 또한, 아무런 교훈도 주지 못하는 장황한 설명이 무슨 쓸모가 있겠는가?

기초가 부실하고, 새로운 것에 대해 알지 못하며, 그 위에 잡동사니 재료를 잔뜩 쌓아 놓은 것 같은 사람이 어떻게 좋은 스승이 될 수 있겠는가?

2.12

子曰: "君子不器."

■ 관련: 1.5 道 千乘之國, 敬事而信, 節用而愛人, 使民以時

:: **해석**

공자께서 말씀하시길, "군자는 그릇이 아니다."

:: **해설**

제1편의 배움(學)과 익힘(習), 그리고 제2편의 다스림(政)이 추구하는 목적에 대해 다시 한번 강조하고 있다. 제후 국가를 올바로 이끌기(道 千乘之國) 위해서는 나라에 인재가 필요하다.

춘추전국시대에는 제후국의 생존을 보장하고, 영토를 넓히기 위해 큰 그릇에 해당하는 인재를 확보하기 위한 노력이 필수였다. 제후, 왕 자신의 생존성과 직결된 일이다. 그렇기 때문에, 더욱더 현자(賢子, 大器)를 갈구했던 시대이다. 재목, 즉, 그릇의 크기에 따라 더욱 중용되거나, 한직으로 밀려난다. 현대와 크게 다를 바가 없다.

그래서, 당시 사람들도 교육에 대한 열의가 높았다. 자신의 출세를 위해 배움(學習)과 자기 수양, 다스림(政)에 노력했다. 군자불기(君子不器), 이 구절에서 언급하고 있는 것은, 배움과 다스림(爲政)의 목적이 어긋나지 않도록 강조함이다.

2.1구절에서 언급한 덕(德)을 목적으로 해야 함에도 불구하고, 사람들은 그릇의 크기를 비교하고, 더 높은 위치로 가는 일에만 관심이 있다. 이를 경계해야 함을 교훈으로 주는 구절이다.

2.13

子貢問君子. 子曰: "先行其言, 而後從之."

■ 관련: 1.5 敬事而信, 節用而愛人, 使民以時

:: 해석

자공이 군자에 관하여 여쭤보자. 공자께서 말씀하시길, "(군자는) 먼저 자기 말을 실행하고, 그다음에 다른 사람이 그것을 따르게 한다."

:: 해설

국가의 왕(제후)을 섬기고, 나라의 일을 수행함에 경건하고, 신뢰가 있어야 한다. 말만 앞세우고, 신뢰가 없다면 누가 그 사람을 따르겠는가? 그래서 군자는 앞장서서 일을 추진한다. 즉, 현대와 비교하자면 리더에 해당한다.

국가, 기업 등 조직의 고위 경영자 위치에 있는 사람 중에 리더와 관리자(다스리는 자)를 구분하는 일은 간단하다. 해당 일의 본질을 이해하고 있는 사람은 리더이면서 경영자이고, 해당 일의 본질은 모르지만 사람, 돈 등의 자원을 할당하며 조율하고, 관리하는 사람은 경영자이다.

참고

테슬라의 일론 머스크, 페이스북의 저커버그, 마이크로소프트의 빌 게이츠 같은 사람들을 우리는 경영자라고 부르기보다, 해당 사업 영역에서 인류의 미래를 이끄는 리더로 호칭한다. 반면, 우리 대기업 총수들은 리더보다 관리자(다스리는 자)

에 가깝다는 인식이 우세하다. 리더가 많은 나라 vs 다스리는 자가 많은 나라, 어떤 것이 우리가 추종해야 할 방향인지, 생각해 볼 사항이다.

2.14

子曰: "君子周而不比, 小人比而不周."

■ 관련: 1.6 出則弟, 謹而信, 汎愛衆而親仁. 行有餘力, 則以學文

:: **해석**

공자께서 말씀하시길, "군자는 널리 친밀하게 지내되, 사리사욕을 위하여 결탁하지 않고, 소인은 사리사욕을 위하여 결탁하며, 인간관계가 넓지 않다."

:: **해설**

신의에 대한 교훈을 전달하고 있다. 신의가 내가 친하고, 내 주위에 있는 범위로만 한정되는 사람이 소인이다. 그래서, 소인은 사리사욕을 위하여 빠르게 결합하는 속성이 있다. 반면, 일과 충성에 대해 경건함이 적기 때문에, 쉽게 그 결탁이 끊어지는 약점도 지닌다.

2.15

子曰: "學而不思則罔, 思而不學則殆."

■ 관련: 1.7 賢賢易色

:: **해석**

공자께서 말씀하시길, "배우고 사색하지 않으면 사리에 어두워지고, 사색만 하고 배우지 않으면 (오류나 독단에 빠져) 위태로워진다."

:: **해설**

배우고 사색하지 않는 부류는 시키는 대로 하는 사람이다. 생각 없이 추종한다. 그것이 옳은 것인지, 아닌지는 중요하지 않다. 우리의 교육 현실이 이런 형태로 인력을 육성하고 있는 것은 아닌지 우려된다. 무조건 많이 암기하고, 그것을 풀어내는 것을 잘하는 인력을 배양하기에 바쁘다.

사색의 여지가 없다. 사색의 중요성은 어디로 사라진 지 오래 되었다. 필자 또한, 그런 교육을 받고 자라왔다. 그 오류를 벗어나기 위해 많은 시간과 노력을 들였음에도 불구하고, 자라는 시절 오랜 기간 배우고 익힌 습성을 버리는 일은 쉽지 않다.

논어의 해설서를 읽는 과정에서도 이런 모습을 쉽게 찾아볼 수 있다. 사람들은 짧은 시간에 많은 것을 얻으려고 한다. 빠르게 많은 양을 읽기에 바쁜 모습이다. 사색하지 않고 그 구절들을 나의 삶과 연관하여 익히지 않는다면, 논어의 수많은 구절이 무슨 소용(用)이 있겠는가?

2.16

子曰: "攻乎異端, 斯害也已."

■ 관련: 1.5 節用,
1.7 賢賢易色

:: **해석**

공자께서 말씀하시길, "이단에 빠지면, 해로울 따름이다."

:: **해설**

이단(異端)의 뜻을 풀어 보면, 다른 끝, 즉 본래의 본질과는 다른 끝단에 있는 것을 의미한다. 본질을 벗어난 일이다. 그런 일에 열심히 몰두(攻)한다.

마치 장구의 양단을 신나게 두드리는 것과 같은 모양새이다. 요란한 소리를 내고, 그 흥에 빠져들게 된다. 본질은 사람들에게 음악의 즐거움을 주는 일이지만, 혼자서 신나서 두들긴다. 몰두해서 두들긴다는 표현이 이단보다 앞에 나와 있다. 본질은 숨겨져 있고, 무엇인지도 모른 체 열심히 두들기는 모습이기도 하다.

그 쓰임(用)에 있어서, 절제(節)를 벗어난 일이 이단(異端)이다. 본질과 거리가 먼 끝단에 있는 것을 생각해 보는 것도 때로는 필요하다. 그러나 거기에 집착하고, 빠져들면 해롭게 된다.

2.17

子曰："由, 誨女知之乎！ 知之爲知之, 不知爲不知, 是知也."

■ 관련: 1.7 賢賢易色, 雖曰未學, 吾必謂之學矣

:: **해석**

공자께서 말씀하시길, "유야, 너에게 안다는 것이 무엇인지 가르쳐주마! 아는 것을 안다고 하고, 모르는 것을 모른다고 하는 것, 이것이 아는 것이다."

참고

아는 것을 모른다고 하는 것은 거짓, 위선이다. 모르는 것을 안다고 하는 것은 가장, 가식이요, 심해지면 병(病)이다.

2.18

子張學干祿. 子曰："多聞闕疑, 愼言其餘, 則寡尤. 多見闕殆, 愼行其餘, 則寡悔. 言寡尤, 行寡悔, 祿在其中矣."

■ 관련: 1.5 敬事而信, 節用

:: **해석**

자장이 (국가의) 녹(월급)을 받고 일할 때의 중요한 점에 대하여 배우려고 하자. 공자께서 말씀하시길, "많이 듣고 나서 의심스러운 것은 일단 보류하고, 그 나머지를 신중히 이야기하면 실수가 적을 것이다. 많이 보고 나서 미심쩍은 것은 일단 보류하고, 그 나머지를 신중히 실행하면 후회가 적을 것이다. 말에 실수가 적고, 행동에 후회가 적으면, 녹(월급)을 받고 일을 하는 것의 핵심은 바로 그 안에 있다."

:: **해설**

2,500년 전 사회는 지금과 같은 월급, 급여 체계가 아니다. 봉록이라는 형태로, 일에 대한 대가를 받았다. 실물로 지급되기도 하고, 토지 또는 향후 세수에 대한 일정 부분의 권리를 나누어 주는 형태로도 지급되는 방식이다.

고용의 안정성이 그 주인(왕, 제후, 대부)에 의해 더욱 좌지우지되는 구조였다. 그러므로, 항상 조심에, 조심을 다하고, 상하좌우의 인간관계 및 처세에 주의를 기울였다. 그래서, 처세술에 대한 배움(學)이 더없이 소중하였다.

하지만, 처세술 보다도 근본적으로는 일에 대한 올바른 실행을 담보 하여야 한다. 그래서 매사에 신중하여, 언어와 행동에 무리수를 두지 않는 절용(節用)이 필요하였다.

참고

간(干): 중요한 부분, 몸체, 본체

2.19

哀公問曰: "何爲則民服?" 孔子對曰: "擧直錯諸枉, 則民服, 擧枉錯諸直, 則民不服."

■ 관련: 1.5 道千乘之國, 敬事而信, 節用而愛人

:: 해석

애공이 묻기를, "어떻게 하면 서민들이 잘 따르겠습니까?" 공자께서 대답하시길, "정직한 사람을 천거하여 무릇 굽은(올바르지 못한) 사람들 가운데 두면 서민들이 잘 따를 것이고, 굽은(올바르지 못한) 사람을 뽑아서, 정직한 사람들 사이에 두면 서민들이 따르지 않을 것입니다."

:: 해설

애공은 공자가 살고 있던, 노나라의 제후(임금)이다. 논어에서는 공(公)의 계층인 제후가 물어보는 경우, 문장에서도 예를 갖추어 대답한다. 공자(孔子)라는 성(孔)과 계급 명(子)이 기재되고, 답변 시에도 '대답하여 답변한다(對曰)' 형태로 적고 있다. 논어 전체적으로 6회 정도 이런 형태의 제후와의 문답이 있다.

논어의 제12편에서 예외적으로 대부인 계강자의 문답에 격식을 벗어나 위와 같이 답변한다. 예(禮)를 강조한 유가에서는 파격적인 표현이다. 이는 1~10편까지의 전반부와 11~10편까지의 후반부가 성격이 다름을 보여주는 하나의 증거가 될 수 있다.

제후(왕)의 입장에서 올바로 나라를 다스리기 위해서는 인재를 올바로 등용하는 것이, 국민의 신뢰를 받고, 국민을 따르게 만드는 지름길이라고 설명한다.

참고

복(服): 따르다.

상명하복(上命下服): 상사가 명령하고 아랫사람은 따른다.

2.20

季康子問: "使民敬, 忠以勸, 如之何?" 子曰: "臨之以莊則敬, 孝慈則忠, 擧善而教不能則勸."

■ 관련: 1.5 道千乘之國, 節用而愛人, 使民

:: 해석

계강자가 묻기를, "서민들로 하여금 공경하고, 충성스러우며 부지런하게 하려면 어떻게 해야 합니까?" 공자께서 말씀하시길, "장중한 태도로 그들에게 임하면 그들이 공경하고, 효성스럽고 자애로운 태도로 그들에게 임하면 그들이 충성스러워지며, 잘하는 사람을 기용하여 무능한 사람은 가르쳐주면 그들이 부지런하게 됩니다."

:: 해설

서민은 평민 계층이다. 다스리고, 이끌어 주어야 하는 사람들이다. 이들에게는 학(學)과 습(習)이라는 용어가 사용되지 않았다. 교

(敎)육이라는 단어가 사용되고 있다. 학습은 스스로 자율 의지에 의존한다. 교(敎)는 자율 의지보다 지시와 시정으로 이루어지는 활동이다. 배우고 익히는 방식에 커다란 차이가 있다.

우리의 교육 방식은 학습보다, 교육을 더 선호하고 있는 것은 아닌지 의구심이 든다. 물론, 현대에서는 그 의미 구별 없이, 용어를 혼용하여 사용한다.

생각과 사상 속에 깊이 깃들여져 있는 언어의 의미는 아주 조금씩 사람의 마음과 자세, 태도를 바꾸는 역할을 한다. 그런 쓰임을 이해한다면, 한 단어, 한 단어 신중히, 가려 사용하는 일이 바람직하다.

참고

선(善): 여기서는 잘하는 사람으로 쓰였다. 뒤에 나오는 잘못하는 사람(不能)과 대구

2.21

或謂孔子曰: "子奚不爲政?" 子曰: "《書》云, '孝乎惟孝, 友于兄弟, 施於有政.' 是亦爲政, 奚其爲爲政?"

■ 관련: 1.5 道千乘之國, 愛人

:: **해석**

어떤 사람이 공자께 묻기를, "선생님께서는 어찌하여 정치를 하시지 않

습니까?” 공자께서 말씀하시길, “『서경』에, ‘효도하고 오직 효도하고, 형제간 우애가 있으며, 이것을 통해 정치에 베푼다.’ 라고 했으니 이 또한 정치하는 것입니다. 이런 것이 바로 정치(爲政)를 위하는 일 아니겠습니까?”

:: **해설**

내 가족과 주위를 아끼고, 사랑하는 것도 크게 보면, 나라를 위하는 다스림에 포함되는 일이다. 관직에 나아가 정치를 하는 것이 물론 정치이지만, 국민의 한 사람으로서 할 수 있는 정치는 자신의 본질에 충실한 삶이다.

미디어와 통신이 발달되어 있는 현대의 우리가 교훈으로 새겨야 할 부분이다. 우리는 정치 행태에 대해 쉽게 뉴스를 통해 듣고 볼 수 있다. 그리고, 탄식하면서 마음의 온도를 십분 끌어올리곤 한다. 그런 홍분의 마음을 갖는 것보다, 나 자신 삶의 본질을 얼마나 충실히 하며 살고 있는지, 주위 사람들에 대한 사랑이 부족한 것은 아닌지, 먼저 살펴보는 것이 스스로에 대한 다스림(爲政)이다. 개인의 그런 모습이 확장되어 국가가 평안하게 된다.

2.22

子曰: “人而無信, 不知其可也. 大車無輗, 小車無軏, 其何以行之哉?”

■ 관련: 1.5 道 千乘之國, 敬事而信

:: **해석**

공자께서 말씀하시길, "사람이 만약 신의가 없다면, 그것이 좋은 일인지 모르겠다. 큰 수레에 소에 거는 수래채의 마구리가 없고, 작은 수레의 말에 거는 멍에 걸이가 없다면, 어떻게 그것을 몰고 가겠는가?"

:: **해설**

신(信)의 속성은 가장 중심이 되는 것은 아니다. 수레의 중심은 수레 본체와 그것을 끌고 가는 소나, 말이다. 하지만 수레를 끌고 가는 연결고리(마구, 걸이)가 없다면 수레가 제 역할을 못 한다. 신(信)은 눈에 잘 띄지 않는 속성이 있다. 그래서, 중요한데도, 사람들이 쉽게 잊고 지내기 쉽다.

2.23

子張問: "十世可知也?" 子曰: "殷因於夏禮, 所損益, 可知也. 周因於殷禮, 所損益, 可知也. 其或繼周者, 雖百世可知也."

■ 관련: 1.5 道 千乘之國, 時

:: **해석**

자장이 "열 세대 이후의 일을 알 수 있습니까?" 하고 여쭤보자. 공자께서 말씀하셨다. "은나라는 하나라의 예를 따랐는데 무엇이 줄고 무엇이 늘었는지 알 수 있으며, 주나라는 은나라의 예를 따랐는데 무엇이 줄고, 무엇이 늘었는지 알 수 있다. 만약 어떤 사람이 주나라의 뒤를 잇는다면, 비록 백 세대 이후라도 알 수 있다."

:: **해설**

예(질서, 예절, 사회적 형식)는 시간을 초월하여 전승된다. 그것이 그 사회에 올바르고, 합리적이면 지속 유지될 것이고, 불필요하고 불편하다면 사라진다. 몇 세대가 지난 후에는 그 차이가 쉽게 눈에 띌 것이다.

만약, 국가가 바뀌는 일이 있다면, 국가의 기틀이 새로 만들어지기 때문에 큰 변화가 일어난다. 우리는 3세대 전 조선이 멸망하고, 타국에 편입되는 큰일을 겪었다. 예(질서, 예절, 사회적 형식)는 완전히 뒤바뀌었고, 과거의 틀을 말살하려는 제국주의 정책에 의해 많은 것을 잃었다. 물리적으로 수탈당한 것 이외에도, 정신적인 전통의 계승 또한 맥이 끊어져 사라진 것들이 많다.

현대 사회는 국가의 기틀이 무너지고 있다. 국경을 초월해서 전 세계가 하나의 네트워크, 하나의 경제적 틀, 그리고 하나의 문화로 용광로처럼 섞이고, 그 연결의 밀도가 점점 더 높아지고 있다. 물질적인 부분은 별도로 하더라도 문화적 측면, 특히, 우리 생각과 사상의 틀이 무엇인지, 되돌아보는 일이 더욱 절실히 필요해지고 있다.

2.24

子曰: "非其鬼而祭之, 諂也. 見義不爲, 無勇也."

■ 관련: 1.5 道 千乘之國, 時

:: **해석**

공자께서 말씀하시길, "자기 귀신(부모)이 아닌데, 그에 대해 제사 지내는 일은 아첨이다. 의로운 일을 보고서도 하지 않는 것은, 용기가 없는 것이다."

:: **해설**

2,500년 전에는 지금의 의학 및 과학기술 수준과는 현저히 달랐다. 당시의 상식으로는, 병들고 아프면 천지신명 또는 조상, 주변에 있는 모든 초월적 존재에 의지해서 낫게 해달라고, 제사를 지내며 빌고 또 빌었다. 무당과 제사장들이 오히려 초월적 존재의 힘을 빌려, 사람들을 다스리고 이끄는 모습이 비일비재했던 시대이다.

상위 계층의 대부부터, 서민에 이르기까지 상식과는 동떨어진 모습에 대해 현실을 직시하도록 올바른 다스림(政)을 교훈으로 제시한 것이다.

제사는 평생 자신이 효도하고 우애를 나눈 부모에 대해서 공경(敬, 弟)의 관점에서 추모함으로 충분하다. 그것을 넘어서 다른 존재에 대해 사당을 짓고, 제사를 하는 일은 아첨하는 일이다. 이는 의로운 일이 아니다.

이런 의로운 일이 아닌 것을 보고도, 중지하지 않는 것은 용기가 부족하다고 설명하고 있다. 아첨하지 않으면, 살아남지 못할 것 같은 두려움이 있기 때문이다.

참고

초월적 존재: 인간의 힘과 능력을 넘어서는 주위의 많은 것들. ㉮ 수령이 오래된 나무, 거북이, 사자, 호랑이, 신령한 산, 기괴한 모양의 바위, 번개, 천둥, 호수, 바다, 해, 달, 별, 하늘 등

3편

팔일八佾

|26구절|

팔일(八佾)은 예(禮)를 주제로 다루고 있다. 노나라 대부이자 세력가인 계씨(季氏)가 자신의 뜰에서 팔일무(八佾舞)를 벌인 무례(禮)함을 꾸짖어 그 첫 번째 교훈을 제시하며, 제3편의 제목을 팔일(八佾)로 하였다. 제목만으로도 어떤 것을 배워야 하는지, 우리의 삶에서 어떤 것을 경계해야 하는지 알 수 있다.

3.1

子謂季氏：“八佾舞於庭，是可忍也，孰不可忍也?”

■ 관련: 1.6 弟子, 謹而信 교훈

:: **해석**

공자께서 계씨의 사례를 들어 말씀하시길, “(대부인 계씨가 천자만이 즐길 수 있는) 팔일무를 자신의 뜰에서 벌였으니, 이것을 용인할 수 있다면, 다른 것이야 무엇인들 용인하지 못하겠는가?”

:: **해설**

예(禮)에 따라 천자만 할 수 있는 팔일무를 대부인 계씨가 자신의 뜰에서 벌였으니, 이 얼마나 황당한 일이 아닌가! 대부의 예를 다해서 표기했다면, '계자(季子)'라고 호칭을 적어야 했으나, 예의를 모르는 놈이라는 뜻으로 씨(氏)를 붙여, 소인 취급하여 기재한 것이다.

당시 노나라를 좌지우지한 세도가 임에도 불구하고, 논어에 이렇게 기재할 수 있었다는 것은 계씨의 지배력이 끝났거나, 노나라가 망한 이후 작성되지 않았을까? 조심스럽게 추정해 본다. 왜냐하면, 잡혀가 대역 죄인으로 처단을 면하지 못했을 것이다.

참고

팔일무(八佾舞): 천자의 행사에서 가로, 세로 여덟 줄로 서서 64명의 무희가 춤을 추는 공연이다. 제후는 8×6의 48명의 무희로 춤을 추는 공연을 열었고, 대부(大

夫)는 8×4의 32명, 부(夫)는 8×2, 16명으로 공연을 열 수 있었다.

3.2

三家者以〈雍〉徹. 子曰: "'相維辟公, 天子穆穆', 奚取於三家之堂?"

■ 관련: 1.6 弟子, 謹而信

:: **해석**

세 가문에서 「옹」으로써 제사를 마치다. 공자께서 말씀하시길, "'제후는 제사를 돕고, 천자는 공손하여라'라는 노래(옹)를 어찌하여 대부인 세 가문의 제사당에서 취할 수 있다는 말인가?"

:: **해설**

3.1의 팔일무와 유사한 상황이다. 노나라 3대 세도에서 집에서 제사 지낼 때, 천자가 제례를 지낼 때 사용하는 「옹」 노래의 구절('제후는 제사를 돕고, 천자는 공손하여라')을 읊으며, 제사를 지낸 일에 대한 탄식이다.

참고

삼가(三家): 맹, 숙, 계씨(氏) 세 집안을 일컫는다. 노나라 세도가이다. 환공(제후)의 후손들로, 삼환(三桓)이라 부르기도 한다.

3.3

子曰: "人而不仁, 如禮何? 人而不仁, 如樂何?"

■ 관련: 1.6 弟子入則孝, 出則弟, 謹而信, 汎愛衆而親仁

:: 해석

공자께서 말씀하시길, "사람이 어질지 않다면 예(禮)를 추구해서 무엇하고, 사람이 어질지 않다면 즐거움(樂)이 무슨 소용인가?"

:: 해설

1.2구절에서 나온 맥락과 동일하다. 어질음(仁)이 배제된 상황에서, 질서(禮)와 즐거움(樂)은 무의미하다는 의미이다. 인의 근본은 효(孝)와 제(弟)라고 1.2 구절에서 언급한 바 있다. 이를 바탕으로 자신의 태도와 행동을 삼(謹)가고, 사람들에게 신(信)을 바탕으로 언어와 행동을 취하며, 사람들을 사랑으로 대하는 것이 인(仁)이다.

그 이후에 예(질서와 사회적 관습)가 추구되어야 한다. 그리고, 즐거움(관계의 즐거움, 조화, 음악)을 추구하라는 주문이다. 이를 거꾸로 실행하여, 예에 따른 관습만 중요하게 여긴다면 부작용이 일어나기 쉽다. 이는, 앞뒤가 바뀐 모양새이다.

3.4

林放問禮之本. 子曰："大哉！問. 禮, 與其奢也, 寧儉. 喪, 與其易也, 寧戚."

■ 관련: 1.6 弟子, 謹而信, 汎愛衆而親仁, 行有餘力

:: **해석**

임방이 예(禮)의 본질이 무엇인가를 여쭤보았다. 공자께서 말씀하시길, "좋은 질문입니다! 예(禮)는, 사치스러운 것보다 차라리 검소한 것이 좋습니다. 상(喪)사는, 장례를 능숙하게 하는 것보다 차라리 슬픔에 젖는 것이 좋습니다."

3.5

子曰："夷狄之有君, 不如諸夏之亡也."

■ 관련: 1.6 弟子, 謹而信, 汎愛衆而親仁, 則以學文

:: **해석**

공자께서 말씀하시길, "오랑캐들도 그들의 임금을 가지고 있으나, 이는 중원에 군주가 없는 것보다 못하다."

:: **해설**

왜, 공자는 이런 이야기를 했을까? 북쪽의 오랑캐는 몽골과 서북쪽 민족들을 의미한다. 야인의 성격이 강하고, 말과 양을 키우는 유목 형태로 생활을 이루었다. 동쪽의 오랑캐는 만주와 한반도를 일컫는다. 우리나라의 기자조선 시대에 해당한다.

중국은 일찍이 문화를 이루었다. 글을 통해 시(詩)와 역사(書)와 변화의 모습(易)을 기록하였다. 그리고, 예(禮)를 통해 국가와 사회의 질서 체계를 갖추었다. 비록 주나라 말기 춘추전국시대에는 황제가 힘을 잃고, 여러 나라로 나누어지며, 일부 지역은 군주가 없는 지역도 생겨났다. 하지만, 문화와 예(禮)라는 정신적, 사회적 질서의 틀을 갖추고 있다는 뜻이다. 즉, 문화가 있는 나라와 없는 나라의 차이다.

참고

이적(夷狄): 중국의 중심(중원)을 기준으로 동쪽의 오랑캐를 이(夷), 북쪽의 오랑캐를 적(狄)으로 표현했다. 글자 형을 가만히 들여다보면 이(夷)는 궁(활)이 들어 있다. 활을 잘 쏘는 종족이고, 적(狄)은 야수가 불같이 일어나는 모습이다.

3.6

季氏旅於泰山. 子謂冉有曰: "女不能救與?" 對曰: "不能." 子曰: "嗚呼! 曾謂泰山不如林放乎?"

■ 관련: 1.6 弟子, 謹而信, 汎愛衆而親仁, 則以學文

:: 해석

계씨가 태산에서 산신제를 지냈다. 공자께서 이를 가리켜 염유에게 말씀하시길, "네가 구제할 수 없었는가?" 염유가 대답하길, "할 수 없습니다."

공자께서 말씀하시길, "오호라! 어찌 태산의 사례가 임방의 사례만 못하는가!"

:: 해설

춘추전국시대에 태산(泰山)에 산신제를 지낼 수 있는 사람은 오직 제후만 할 수 있었다. 그런데도 제후도 아닌 계씨(노나라의 3대 권력자)가 산신제를 지낸 것을 두고 한 이야기이다.

예(禮)를 벗어난 일인데, 집사인 염유에게 말릴 수 없었는지 물어본 것이다. 그리고, 3.4절의 임방이 예(禮)에 관해 물어본 사례와 비교하여 설명하고 있다. 여기서는 계씨가 무례(禮)한 사람이라는 것을 전달하려는 의도보다 예(禮)법을 잘 모르고도 묻지 않음을 탓한 것이다.

누가 처음부터 다 알 수 있겠는가? 학문(學文)의 자세는 제(弟)에서 출발한다. 기본적으로 내가 잘 모를 수 있다는 가능성이다. 그

가능성 아래 항상 삼가(謹)는 자세를 가진다. 그리고 인(仁)의 기초 위에서 학문(學文)이 이루어지고, 그 문(文)화 중 하나가 예(禮)가 이루는 형식과 질서, 절차 등이다.

참고

염유는 염구(冉求)이다. 자는 자유(子有)이며, 염유(冉有)라고 주로 기재된다. 정(政)사에 재능이 있어서 노나라 세도가인 계씨 집안의 일을 관장하는 집사(총지배인)로 일했다.

공자의 논어는 한 글자 한 글자 정성을 다하여 기재된 글이다. 2,500년 전은 종이가 없었기 때문에 대나무를 쪼개어 기재하고, 책으로 엮었다. 불필요한 글자를 기재할 만큼 여유가 없었으며, 하나의 글자도 가려서 축약하고, 중의적 표현을 담고 있다.

논어는 대나무에 기재한 글이기 때문에, 쉽게 구절의 위치를 바꿀 수 있는 장점이 있었다. 여러 명의 제자가 한 구절, 한 구절 기재해온 것을 의논과 토의를 통해 위치를 조정하는 것도 쉽다. 그래서, 설명의 흐름과 교훈의 전개 방식이 구조적으로 치밀함을 보인다. 필자가 구절마다 기재한 관련 문장을 참조하여, 해당 구절의 의미와 연결 지어 논어를 읽는다면, 그 이해의 맛이 배가 될 것이다.

3.7

子曰: "君子無所爭也. 必也射乎! 揖讓而升, 下而飮. 其爭也君子."

■ 관련: 1.6 弟子, 謹而信, 汎愛衆而親仁, 則以學文

:: 해석

공자께서 말씀하시길, "군자는 경쟁을 다투는 일이 없다. 있다면, 그것은 활쏘기이다. 읍을 하고 겸양의 뜻을 표시한 뒤에 당에 오르며, 끝나면 내려와서 술을 마신다. 그것이 바로 군자의 경쟁이다."

:: 해설

당시의 수련 과목 중에서, 자신을 수양하는 활쏘기에 대해 언급하고 있다. 활쏘기에는 공손함(弟), 신중함(謹), 믿음(信), 어질음(仁)의 정신이 들어 있다. 자신의 자세를 가다듬고, 자신을 믿고(信) 화살을 놓는 과정이 포함된다.

당시 선비들은 육예(六藝)인 시(詩), 서(書), 예(禮), 사(射)[활쏘기], 어(御)[수레 몰기], 수(數)를 배우고, 익혔다.

3.8

子夏問曰："'巧笑倩兮, 美目盼兮, 素以爲絢兮', 何謂也?" 子曰："繪事後素." 曰："禮後乎?" 子曰："起予者商也！ 始可與言《詩》已矣."

■ 관련: 1.6 弟子入則孝, 出則弟, 謹而信, 汎愛衆而親仁. 行有餘力, 則以學文

:: **해석**

자하가 여쭤보기를, "'고운 미소에 팬 보조개, 아름다운 눈에 또렷한 눈동자, 흰 바탕에 아름다운 무늬를 이루었다!'라고 한 것은 어떤 의미입니까?"

공자께서 말씀하시길, "그림을 그리는 일은 먼저 흰 바탕을 마련해 놓고 난 뒤에 한다는 말이다" 자하가 말하길, "예가 나중이라는 말씀입니까?"라고 하자.

공자께서 말씀하시길, "나를 일으켜 세워주는 사람은 상(자하)이구나! 비로소 너와 함께 시(詩)를 이야기할 수 있게 되었다."

:: **해설**

예(禮)는 1.6 구절의 맨 마지막에 있는 덕목이다. 앞에 나오는 덕목들이 바탕이라는 의미이다. 바탕이 없는데, 어떻게 그림을 그릴 수 있겠는가?

3.9

子曰: "夏禮, 吾能言之, 杞不足徵也. 殷禮, 吾能言之, 宋不足徵也. 文獻不足故也. 足, 則吾能徵之矣."

■ 관련: 1.6 學文

:: 해석

공자께서 말씀하시길, "하(夏)나라의 예(禮)는 내가 이야기할 수 있지만, 그 후예인 기(杞)나라의 예(禮)를 알기에는 부족하고, 은나라의 예(禮)는 내가 이야기할 수 있지만 그 후예인 송(宋)나라의 예(禮)를 알기에는 부족하다. 그것은 문헌이 부족한 까닭이다. 문헌이 충분하다면, 나는 그것들을 알 수 있다."

:: 해설

1.6구절의 마지막 글자, 문(文)의 의미를 설명하고 있다. 학(學)은 혼자서, 단기간에 이루어지는 성질의 것이 아니다. 하, 은, 주 시대는, 공자가 살았던 춘추전국시대 이전 3000년 넘게 지속되었다. 그 오랜 기간 쌓여온 것이 문(文)이다.

즉, 문화는 말이나, 관습으로 전달되기도 하지만, 문자의 기록에 의해 오랫동안 남고, 타 지역으로 널리 전파된다. 기록이 남아 있지 않은 기(杞)나라, 송(宋)나라의 문화는 얼마 못 가서 사라지고 말았다. 그렇기 때문에, 공자라 할지라도 알 수 없다고 설명하였다.

참고

- **기**(杞): 주(周)나라 태조 무왕이 하나라 우왕의 후예인, 동주공으로 하여금 우왕의 제사를 지내게 하도록 세워준 나라
- **송**(宋): 주(周)나라 태조 무왕이 은나라 탕왕의 후예인, 미자로 하여금 탕왕의 제사를 지내게 하도록 세워준 나라

3.10

子曰: "禘 自旣灌而往者, 吾不欲觀之矣."

- 관련: 1.6 親仁. 行有餘力, 則以學文

:: **해석**

공자께서 말씀하시길, "체제사에 있어서 강신례가 끝난 이후, 나는 더 보고 싶지 않았다."

:: **해설**

체(禘) 제사는 황제가 종묘에서 시조 및 그 조상에게 지내는 제사이다. 그런 체제사를 제후국인 노나라에서 행하고 있다. 예(禮)에 따르면 노나라는 체제사가 불가하다.

그럼에도 불구하고, 노나라의 시조인 주공(周公)이 개국공신이라는 이유로, 2대 황제 성왕이 제사를 허락하였다. 그래서, 그 조상인 문왕(황제국인 주나라 설립자 무왕과 제후국인 노나라 설립자 주공의 아

버지)에게 제사를 지내 왔다. 공자는 이것이 예가 아니라고 여겼다.

왜냐하면, 성왕의 자손(장자)들이 문왕에 대한 제사를 지낸다면, 노나라는 차남의 국가인데 시조 한 분을 두고, 장남과 차남이 각각 제사를 지내는 셈이 된다. 제사는 조상에게 예(禮)를 다하는 문화이다. 문화가 인(仁)을 어기고 있는 상황이다. 공자는 이것이 못마땅했기 때문에, '더 이상 제사가 진행되는 것을 보고 싶지 않았다' 이야기한 것이다.

3.9절에서 설명한 것처럼, 정통성이 없는 왕조가 근근이 이어가는 제사가 무슨 의미가 있겠는가? 3.10절에서 설명하고 있는 것과 같이 인(仁)을 넘어서는 제사가 무슨 의미가 있겠는가? 제사를 지내는 데 있어서, 그 의의를 알지 못하면서 과도한 형식의 답습은 오히려 눈살을 찌푸리는 결과를 초래한다.

3.11

或問禘之說. 子曰: "不知也. 知其說者之於天下也, 其如示諸斯乎!" 指其掌.

■ 관련: 1.6 親仁. 行有餘力, 則以學文

:: **해석**

어떤 사람이 체제사의 이치를 여쭤보았다. 공자께서는 말씀하시길, "모릅니다. 그 이치를 아는 사람이 천하에 있다면, 아마 여기에 (손바닥 위에) 물건을 얹어 놓는 것과 같을 것입니다" 하면서, 자신의 손바닥을 가리키셨다.

:: **해설**

3.10구절에 이어서 제사에 대한 설명이다. 체(禘)제사에 대한 설명 요구에 대해 답을 모른다고 한 것은 실제로 모르기 때문이다.

먼 선조에 대한 제사가 무슨 의미가 있겠으며, 그런 제사의 정체성을 설명하기는 구차한 설(說)만 가득할 것이기 때문이다. 설(說)이라는 글자가 쓰이고 있는 것도 주목할 필요가 있다. 정명(正名)을 기초로 한 정의(定議)가 아닌 해설이란 의미이다. 부차적이고, 군더더기가 가득 붙어있는 사항이다.

그리고 한마디 덧붙여 말씀하셨다. 설명하자면, 자기들 마음대로 한다는 의미이다. 손바닥에 올려놓은 것이 얼마나 소중하겠는가? 손바닥은 얼마나 쉽게 뒤집을 수 있겠는가! 필요에 따라 내 마음대로 뒤집고, 바꿀 수 있는 것이 손바닥이다.

정통성이 없는 자가, 최고 권력을 잡으면, 자기 마음대로 국가를 주무르기 쉽다. 역사에 그런 경우가 얼마나 많았는가? 역사 속에서 무력에 의한 정권 탈취 후에, 그런 일이 벌어진 사례를 쉽게 찾아볼 수 있다. 체제사의 속성은 마치 자신의 손바닥 뒤집듯이 바꿀 수 있는 일이라는 의미이다.

3.12

祭如在, 祭神如神在. 子曰: "吾不與祭, 如不祭."

■ 관련: 1.6 親仁. 行有餘力, 則以學文

:: 해석

제사를 지낼 때는 마치 조상이 앞에 앉아 계시는 것처럼 정성스럽게 하고, 신(神)에게 제사를 지낼 때는 마치 신(神)이 앞에 앉아 있는 것처럼 한다. 공자께서 말씀하시길, "나는 제사에 참여하지 않으면, 제사를 지내지 않은 것과 같다."

:: 해설

먼저, 1.6절의 내용을 복습해보자. 인(仁)을 벗어난 문화는 올바르지 않다. 문화가 잘못 형성되면 인(仁)을 벗어난다. 주어진 문장의 순서를 이해해야 하고, 논리를 이해할 필요가 있다. 3.12절도 논리를 명확히 하지 않고 대충 읽고 지나면, 그 의미 또한 대충 형성된다. 즉, 손바닥 뒤집듯이 자의적으로 제사 문화를 만들 수 있다는 이야기이다.

나의 부모에 대한 제사는 인(仁)의 관점에서 당연한 일이다. 돌아가신 후에 실제로는 다시 볼 수 없지만, 주기적으로 그 넋을 기리고, 앞에 있는 듯 생각하며 추모하는 마음으로 제사를 지낸다.

신에 대한 제사는 춘추전국시대에 제후 이상의 국가 통치자가 아니라면, 굳이 고민할 이유가 없다. 내가 할 일도 아니고, 내가 해서는 예의와 질서를 벗어나는 무례한 일이다. 즉, 손가락질받을 일이다.

공자께서 이야기하신 말씀은 첫 번째 문장(경우)에 대한 공자의 개인적 느낌이다. 세상을 주유하던 어려운 시기에, 혹시나 부모에 대한 제사를 지내지 못하면, 그분들을 오랫동안 뵙지 못한 것 같다는 의미이다.

그러면 두 번째 말씀, 신에 대한 제사에 대해서는 어떤 답을 주셨을까? 2.24, 3.6, 3.10, 3.11구절을 참조하기를 바란다.

참고

부모가 아닌, 그 위의 내 직계 조상에 대한 제사는 어떻게 하는 것이 좋은가? 1.6구절 등 앞의 구절 등을 이해했다면, 그 답은 스스로 알게 될 것이다.

하지만 예외도 있을 수 있다. 인(仁)의 범위를 벗어나지 않는 테두리 내에서 문화를 만드는 경우이다. 4대, 5대, 그 위 10대, 20대 조상에 대한 영정이 존재하여, 평시 집에 걸려 있으며, 언제라도 그분들의 모습을 상기할 수 있고, 그분들이 이룬 업적이 국가의 충과 효를 이룬 기틀에 큰 영향을 주었다면, 그 모습과 행적을 기리고, 그 추모를 통해 교훈을 얻는 것은 좋은 일이다. 그분들의 정신 계승 차원이다.

그런 정신을 지속 계승한 가문이 있고, 그 가문의 장(長)자로 지속 이어왔다면 실로 영광이다. 하지만, 이때에도 형식에 치우쳐 인(仁)에 문제가 발생한다면, 다시 생각해볼 일이다.

제사는 예(禮)에 해당하는 일이기 때문에, 질서와 형식보다 더 중요한 것을 먼저 살펴보아야 한다.

3.13

王孫賈問曰: "與其媚於奧, 寧媚於竈, 何謂也?" 子曰: "不然. 獲罪於天, 無所禱也."

■ 관련: 1.6 親仁

:: 해석

왕손가가 물었다. "'안방의 아랫목에 아첨하느니, 차라리 부뚜막에 아첨하는 편이 낫다'라는 것은 무엇을 말하는 것입니까?" 공자께서 말씀하시길, "그렇지 않습니다. 하늘에 죄를 지으면 빌 곳이 없습니다."

:: 해설

왕손가는 위(衛)나라의 대부이자 실세이다. 공자가 위나라에서 영공(제후)을 만나자 왕손가가 영공(제후)을 안방의 아랫목에 비유하고, 실세인 자신을 부엌으로 비유하여, 자신에게 잘 보이는 것이 오히려 좋지 않겠느냐? 하고 공자를 떠본 상황이다. 공자가 이에 대해, 하늘을 속일 수는 없다고 정중히 응답하였다.

3.14

子曰: "周監於二代, 郁郁乎文哉! 吾從周."

■ 관련: 1.6 文

:: **해석**

공자께서 말씀하시길, "주나라는 2대(하나라, 은나라)를 거울로 삼았다. 찬란하도다. 그 문화여! 나는 주나라를 따르겠다."

:: **해설**

국가 차원의 예(禮)는 정통성에 있다. 하나라에 이어 은나라가 정통성을 이어받았고, 그 뒤를 주나라가 이어받았다. 그래서 주나라의 정통성을 따라 문화를 계승하고자 한 것이다. 질서와 절차가 문화로 이어지고, 드러나 예(禮)로 표현된다.

3.15

子入大廟, 每事問. 或曰: "孰謂鄹人之子知禮乎? 入大廟, 每事問." 子聞之, 曰: "是禮也."

■ 관련: 1.6 弟子入則孝, 出則弟, 謹而信

:: **해석**

공자께서는 태묘에 들어갈 때는, 매사에 꼬치꼬치 물으셨다. 어떤 사람이 말하기를 "누가 추인의 대부(공자)가 예를 안다고 했는가? 태묘에 들어갈 때, 매사에 묻는다"라고 했다. 공자께서 이 말을 들으시고 말씀하시길, "이것이 바로 예(禮)이다."

:: **해설**

예(禮)라는 것의 시발점은 공경하는 마음(弟)이다. 그리고, 그것이 외부로 표출되는 형태가 삼가(謹)는 언어와 행동으로 나타난다. 그래서, 공자는 태묘에서 절차에 대해 하나씩 묻고, 행하고, 묻고 행한 것이다.

참고

- **태묘**(大廟): 나라를 세운 임금을 태조라 하고, 태조의 사당을 태묘라고 한다.
- **추인지자**(鄹人之子): 노나라 추읍에 사는 대부, 즉, 공자를 지칭한다.

3.16

子曰: "射不主皮, 爲力不同科, 古之道也."

- 관련: 1.6 弟子入則孝, 出則弟, 謹而信, 汎愛衆而親仁. 行有餘力, 則以學文

:: **해석**

공자께서 말씀하시길, "활을 쏠 때는 과녁의 가죽을 뚫기 위함이 아니다, 사람마다 가해지는 힘이 같지 않기 때문이다. 이것이 옛날부터 내려온 활 쏘는 올바른 방법이다."

:: **해설**

활을 쏠 때는 과녁의 가죽을 뚫는 것보다, 과녁을 적중시키는 일이 우선이다. 적중시키는 것을 뒤로하고, 뚫는 것에만 신경을 쓰다 보면 엉뚱한 곳으로 화살이 날아가기 쉽다.

예(禮)는 형식에 잔뜩 힘을 실어, 사람의 마음을 사로잡기 위함이 아니다. 공경(弟)을 표현하고, 삼가는 마음(謹)을 표현하며, 어질음(仁)을 기본으로 상대를 대하기 위함이다. 이를 표출하는 방법이 예(禮)라는 문(文)화이다.

예(禮)에 힘과 노력을 잔뜩 들여, 정곡을 뚫기 위함이 아님을 활쏘기 사례에 비유하였다. 활은 자신의 수양을 위한 도구라고도 했다. 활을 잘 쏘기 위해서는 자신의 자세와 마음을 가다듬고, 적절한 힘으로 천천히 시위를 당겨서 화살을 날리는 과정이 필요하다.

그래서, 예(禮)를 적절히 표현하는 일은 활쏘기같이 어렵게 느껴진다.

3.17

子貢欲去告朔之餼羊. 子曰: "賜也! 爾愛其羊, 我愛其禮."

■ 관련: 1.6 文

:: **해석**

자공이 초하루를 알리는 의식에 바치는 양을 (더 이상) 쓰지 않으려고 했다. 공자께서 말씀하시길, "사(자공)야, 너는 그 양을 아끼고, 나는 그 예를 아낀다."

:: **해설**

문화의 지속성에 관한 이야기이다. 예(禮)에 대한 가치와 실물 가치를 비교하는 듯하다. 하지만, 그 이전에 살펴볼 것은 형식이나 비용보다 먼저 그 정신이 사라지고 있음을 안타까워한 일이다.

3.18

子曰: "事君盡禮, 人以爲諂也."

■ 관련: 1.6 弟子, 出則弟, 謹而信,
1.7 賢賢易色

:: **해석**

공자께서 말씀하시길, "임금을 섬김에 예를 다하면, 사람들은 아첨한다고 여긴다."

:: **해설**

예(禮)를 보이는 형식과 모습으로만 해석하기 때문이다. 눈앞에 보이는 모습을 기준으로 예를 다하는 경우, 아첨하는 듯 생각하고 평가를 한다. 그보다 더 중요한 것은 그 자세에서 표현되는 평소의 생각과 행동(弟, 謹)이다.

이런 모습이 벗어나는 사례는 쉽게 찾아볼 수 있다. 3.1, 3.2구절에서 언급한 것이 대표적인 사례이다. 예(禮)라는 글자의 의미를 편협하게 눈앞에 보이는 형식, 예의범절로 오해하지 않아야 한다. 공자 사상에서 예(禮)는 크게 보면 '질서'를 의미한다. 3.1, 3.2구절의 경우가 질서를 넘어서는 행동이다.

보이지 않는 곳에서 벌이는 행동을 보면 그 사람됨을 알 수 있다. 눈에 보이지 않는 곳에서의 모습을 기준으로 그 사람을 평가하면 실수가 적다.

무엇보다도, 이런 평가 비하에 대한 군자의 태도, 마음가짐이다. 그런 것에 연연하지 않고, 자신의 본질에 충실하면 그만이다. 이것저것 따지고 계산하며, 주위의 눈치를 보는 것은 세상을 어렵게 살아가는 방법이다.

본질을 지키고, 단순하게 본연의 모습대로 사는 것이 자신을 올바로 이끄는 길(道)이며, 절제의 미학이다.

3.19

定公問："君使臣, 臣事君, 如之何?" 孔子對曰："君使臣以禮, 臣事君以忠."

■ 관련: 1.6 弟子, 出則弟, 謹而信, 文
1.7 賢賢易色, 事君能致其身

:: **해석**

정공이 묻기를, "임금이 신하를 부리는 것과 신하가 임금을 섬기는 것은 어떻게 해야 합니까?"

공자께서 대답하시길, "임금은 예로써 신하를 부리고, 신하는 충성으로써 임금을 섬깁니다."

:: **해설**

3.18구절에서 설명했듯이, 예(禮)를 좁은 의미의 예의범절로 이해한다면 이 구절을 제대로 이해하기가 어려워진다. 임금이 신하에게 어떤 예(禮)를 가지고 대해야 할까? 그 방법과 절차를 가지고 임금을 교육해야 할까? 그렇다면 얼마나 많은 절차와 방법을 만들어야 할까?

절대 권력을 가진 임금이 신하를 존중하고, 함부로 말을 하지 않는 것은 자신의 위엄, 자신의 격식을 낮추지 않기 위함이다. 신하에게 경어를 사용함의 의미가 아니다.

이 구절의 해석은 오히려 '임금은 질서를 기반으로 신하를 부린다'라는 의미이다. 질서와 지위의 순서를 무시한 명령 하달은, 국가 조직 체계를 혼란스럽게 만든다. 장관이 아닌 차관에게 직접 또는 은밀히 명령을 하달하는 경우, 장관은 질서의 순서에서 배제된다. 이는 향후 위계질서에서 문제가 발생할 수 있다.

그러나, 정작 조직 내에서는 이런 일이 비일비재하다. 그렇게 혼란이 가중되는 경우, 약삭빠른 중간 직급의 관리자는, 이런 관계의 속성을 충실히 이용한다. 자신의 하위 직급을 동원하여, 자기 상사에게 잘 보이기 위해, 오만가지의 일을 만들어낸다. 조직이 커질수록 이런 현상은 불가피하다.

이런 일들이 만연하다 보면, 실력과 업(業)의 본질은 저만치 멀어진다. 그것보다 중요한 것이 조직 내에서 관계이기 때문이다. 업(業)의 본질보다 관계와 예의 형식이 앞서는 상황이 벌어진다.

이런 문화가 정착되는 것을 하위 계층에서 통제하고 바꾸기는 쉽지 않다. 중간 계층 또한 마찬가지이다. 시초, 근원이 되는 지점에서 흐려져 있는 문화는 어떻게 할 수 있는 방법이 없다. 그래서, 공자가 감히 임금의 자세에 대해 언급한 것이다. 제후(임금)에게 임금의 자세를 설명했다는 것은 공자 사상 내에서도 아주 특별한 구절이라고 할 수 있다.

3.20

子曰: "〈關雎〉, 樂而不淫, 哀而不傷."

■ 관련: 1.6 弟子, 出則弟, 謹而信, 文
1.7 賢賢易色

:: **해석**

공자께서 말씀하시길, "「관저」는 즐겁지만 음탕하지 않고, 슬프지만 마음에 상처를 주지 않는다."

:: **해설**

시경의 첫 번째 시(詩), 관저(關雎)를 활용하여 문화의 속성에 대해 설명하고 있다. 문화를 이끄는 것 가운데, 예(禮)에 대해 앞 구절에서 지속 설명을 이어왔다.

예(禮)는 질서의 의미가 있다. 질서의 쓰임은 혼란을 최소화하는데 있다. 즉 조화를 이루어 사람들 사이의 관계를 편안하고, 즐겁게(樂) 하는 용도이다.

문(文)화는 인간관계 속에서 발생하는 애환을 사람들 마음에 전달한다. 정도를 지나치지 않고 균형을 이루면서(禮樂) 정서(詩想)를 일깨워 주는 도구이다.

참고

- 관저(關雎) '관관저구'로 시작되는 시경(詩經)의 첫 번째 작품이다. 관저는 물수리이다. 물수리는 호수나, 강의 최강자이다. 조용한 호수에 물수리가 "저~구~~" 하고 길게 뿜어내는 소리는 호수 저편의 산에 메아리가 울려, 호수의 적막을 깨뜨린다. 마치 주(周)나라 개국의 기상을 드러내듯 힘찬 모습이다.
- **락**(樂): 즐겁다, 음악의 의미로 사용된다. 논어에서도 마찬가지로 두 가지 의미로 모두 사용된다. 그러나, 해석 시 주의 사항은 음악으로 사용될 때는 직접적으로 음악 관련 이야기할 때를 제외하고는 모두 즐거움, 편안함으로 이해하는 것이 좋다. 특히, 예악(禮樂)을 이해할 때는 예와 그에 따른 음악으로 생각하기 쉬우나, 그보다는 질서와 편안함, 즉 질서와 조화로 뜻을 이해하는 것이 더 적절하다.

3.21

哀公問社於宰我, 宰我對曰: "夏后氏以松, 殷人以柏, 周人以栗, 曰使民戰栗." 子聞之, 曰: "成事不說, 遂事不諫, 旣往不咎."

■ 관련: 1.7 賢賢易色

:: **해석**

애공이 재아에게 사직(社稷)신의 신주에 관하여 묻자, 재아가 대답하기를, "하후씨는 소나무를 사용했고, 은나라 사람은 잣나무를 사용했고, 주나라 사람은 밤나무를 사용했습니다. 백성들에게 전율을 일으키려는 것이지요."

공자께서 이 말을 들으시고, 말씀하시길, "완성된 일은 거론하지 않고, 완성에 이르는 일은 간언하지 않고, 이미 일어난 일은 탓하지 않는 법이다."

:: **해설**

이 문답의 형태를 보면, 묻고, 답하고, 그것에 대해 추후 보충하여 설명하는 형식을 취하고 있다. 왕(애공)이 묻는 상황에서 신하인 재아는 답을 한다. 그 답이 맞는 것이든, 틀린 것이든 물음에 대해 답을 하지 않는 것은 예(禮)에 어긋난다. 그 답이 약간 부족할 수도 있지만, 꼭 정답이 아니라 하더라도, 특정 관점에서는 생각해볼 수 있는 답이면 충분하다.

왕이 정답을 원하고, 기대했는데, 그게 아니라면, 신하는 마음이 소심해지게 된다. 왕이 그 답을 꼬투리 삼아, 화를 낸다면, 신하는 다음부터는 더욱더 조심하고, 본질 보다는 왕의 심기를 건드리지 않을 말만 골라서 하게 된다. 현실 상황에 조직 내부에서 이런 형태의 일이 쉽게 일어난다.

그러나, 한발 물러나서 제삼자와 그 상황에 대해 의논하고 다시 살펴보면, 본질에 벗어남을 알 수 있다. 신주의 위패로 사용할 나무(형식)가 어떤 것이 좋은 것인지보다, 그 의미(본질)가 어떤 것인지 먼저 찾아야 한다는 점이다.

공자가 한 이야기가 약간은 동문서답 형태인 이유다. 직접적인 답, 즉 눈에 보이는 것, 형식을 이야기한 것이 아니라, 그것에 대한 의미를 풀어주고, 나라(조직)를 이끄는 방식에 대한 교훈을 전달한 사례다.

성사(成事)는 일을 100% 완성을 이룬 단계다. 수사(遂事)는 일을 거의 이루어 완성에 다가가는 단계로 대략 70~99% 정도라고 보면 쉽다. 기왕(旣往)은 중간에 어떤 일이 이미 벌어진 상황이다.

완성을 이룬 후에 설(說)을 하지 않는다고 했다. 즉, 자랑하거나, 합리화하거나, 과대 포장해서 치적을 부풀리는 행위를 하지 않는다. 현대 사회는 일도 중요하지만, 그것을 잘 드러내는 것을 중요하게 여긴다. 일이 이루어진 후에는 그 결과에 대해서는 수량적, 객관적 근거가 결과의 성공 여부를 설명해주는 것이 당연하다. 그것에 대한 설(說)을 장황하게 늘어놓고, 꾸미는 것은 무엇인가가 부족하기에 일어나는 일이다.

완성을 이루어 가는 단계에서는 간언하지 않는다고 했다. 간언은 본래의 목적을 흐리게 만드는 속성이 있다. 본래의 목적, 본질이 명확하고, 흔들리지 않는 상황이라면, 중간 단계에서 발생하는 수정을 통해 본질에 더 충실해질 수 있다. 간언과 충언의 차이는 여기에 있다. '본질을 흐리고, 방해의 성격인가?' '본질에 가까워지도록 보충하는 성격인가?'에 따라 중간의 언어는 다르게 펼쳐진다.

어떤 일이 벌어진 상황에서는 허물을 탓하지 않는다고 했다. 그 원인이 부족한 부분이 있고, 미흡한 부분이 있다면 그것을 교훈으로 삼아서, 재 정진할 수 있는 기회로 만드는 일이 중요하다. 실수를 통해서 배워 나가는 자세, 성장하는 방법이다. 겉으로는 이런 이야기를 하면서, 벌어진 상황이 자신에게 영향을 미칠까 두려워 온 동네를 다 휘저어 놓으면 전체가 다 흙탕물이 되어 버린다. 공자는 재아의 엉뚱한 해석에 대해서 굳이 허물을 탓하지 않으시고, 본질을 가르쳐 준 상황이다.

3가지 올바르지 못한 행동은 모두 예(禮)를 벗어나는 형태의 모습으로 비치기 쉽다. 결론적으로 3가지의 본질은 모두 국가의 질서(禮)를 올바로 유지하기 위한 일이다. 공자는 본질을 잊은 가운데 범하기 쉬운 행위 3가지를 경계하라는 교훈을 전달하고 있다.

참고

사(社): 고대는 농업을 기반으로 국가의 생업이 이루어졌다. 그래서 토지의 신에 대한 제사와 그것과 관련한 일은 왕의 큰 관심사였다. 국가를 종묘사직(宗廟社稷)이라 호칭하였던 이유이다. 종묘는 국가의 설립자, 태조부터 선왕의 위패를 모신 곳이며, 사직(社稷)은 토지의 신을 모신 사당이다.

3.22

子曰：“管仲之器小哉！” 或曰：“管仲儉乎?” 曰：“管氏有三歸, 官事不攝, 焉得儉?” “然則管仲知禮乎?” 曰：“邦君樹塞門, 管氏亦樹塞門, 邦君爲兩國之好, 有反坫, 管氏亦有反坫. 管氏而知禮, 孰不知禮?”

■ 관련: 1.7 賢賢易色

:: 해석

공자께서 말씀하시길, “관중의 그릇은 작다!”. 어떤 사람이 말하기를, “관중은 검소하였습니까?”

공자께서 말씀하시길, “관씨는 집을 세 군데나 가지고 있었고, 그의 가신들은 수가 많아 관직을 겸직하지 않았는데, 어떻게 검소할 수 있겠는가?”

(어떤 사람이) 말하기를, “그렇다면 관중은 예(禮)를 알았습니까?”

(공자께서) 말씀하시길, “임금이 문 앞에 (시야를 가리는) 가림 나무를 두자, 관씨도 역시 (시야) 가림 나무를 두었다. 임금이 두 나라 사이의 우호 증진을 위하는 자리에 술잔을 놓는 잔대를 설치하자, 관씨도 잔대를 설치하였는데, 이러한 관씨가 예(禮)를 알았다면, 누가 예(禮)를 모르겠습니까?”

:: 해설

3.22구절은 ‘관중의 그릇이 작다 또는 관중이 예(禮)를 벗어난 위인이다. 이를 교훈 삼으라는 의미보다, 공자의 사람 살펴보는 방식

을 전달하고 있다.

사람은 지속 변한다. 사람은 지속 성장하기도 하지만, 반대로 한 두 번의 일에 성공한 후, 자만에 빠지거나, 교만하거나, 탐욕의 본색을 드러내기도 한다. 그래서 좋은 인재를 발굴하는 일은 쉽지 않다.

하지만, 공자(賢子)는 이를 쉽게 여긴다. 그 첫 번째가 돈과 재물을 탐하는 허세를 좋아하는 사람인가? 두 번째는 자신의 지위에 어울리지 않으며, 투명하지 않고 은밀한 것을 좋아하는 사람인가? 세 번째는 그 은밀한 내부에서는 방자한 사람인가? 이런 관점에서 사람을 평가하고 있음을 교훈으로 전달하고 있다.

3.23

子語魯大師樂曰: "樂其可知也. 始作 翕如也, 從之 純如也 皦如也 繹如也, 以成."

■ 관련: 1.7 賢賢易色

:: **해석**

공자가 노나라 태사에게 음악에 관하여 전하기를, "음악의 편안함은 가히 알 수 있는 것입니다. 시작 후, 여러 가지 소리가 혼연일체를 이루다가, 그것을 이어서 순음, 교음, 현악기의 당기는 음이, 소리를 이룹니다."

:: **해설**

3.23구절은 논어의 구절 가운데, 그 의미에 대한 이해를 얻기가 가장 어려운 구절 중의 하나이다. 필자 또한 이 구절이 어떤 의미를 지닐까? 왜 공자는 이런 이야기를 했을까? 사흘 밤낮을 생각에 생각을 반복하다가, 우연히 그 의미에 대한 실마리를 찾고, 한없는 기쁨을 누릴 수 있었다.

먼저, 이전 구절들의 흐름을 다시 생각해보면, 3.20절에서 관저(물수리)가 국가의 시작을 알려준다. 힘찬 기상을 다하는 울음소리로 시작을 열어준다. 3.21절에서 사직, 즉, 국가의 생업에 대한 소재를 통해, 국가를 다스리는데 주의할 사항 3가지를 전달한다. 3.22절에서 인재를 구하는 방법을 설명하였다. 그리고, 3.23절에서는 그 인재와 임금이 어떻게 조화를 이루어 나라를 이끌어가야 하는지를 설명하는 이야기이다.

현명한 제후는 국가를 이끌어갈 때 나라를 즐겁고 편안하게 만든다. 즐겁고, 편안하다는 의미의 글자가 '락(樂)'이다. 음악(音樂)이라는 의미와 중복해서 사용된다. 즉, 글자의 중의적 표현 기법이다. 음악의 즐거운 모습에 비유해 표현한 것이, 이어져 사용되어 온 것이다.

음악은 우리가 소리로 인식할 수 있는 형태(色)이다. 물론 그것을 글자처럼 문자로 담을 수는 없지만, 대신 악보를 통해 기호로 표현하고 악기를 통해서 연주한다. 그 연주가 조화를 이룰 때, 우리는 그 음악을 편안하게 느낀다(易色).

3.22절을 잘 이해하여 좋은 재목을 구했다 하더라도, 조화가 이루어지지 않으면, 어긋나고 불협화음이 발생하게 된다. 국가의 큰

재목은 왕을 중심으로 3명의 대사(大師)로 구성이 된다. 이 구절은 왕을 중심으로 3명의 신하가 연주하는 모습을 묘사한 구절이다.

시작은 합주(翕)로 이루어진다. 국가의 시작은 왕이 이끌어 간다. 흡(翕)이라는 자형을 살펴보면, 합(合)을 이루는데, 우(羽)가 떠받치고 있다. 날개를 달고 있는 사람이며, 왕을 의미한다.

고대 동양의 음악에서 우(羽)음은 5음 가운데 가장 높은 음이며, 우(羽)에 해당하는 악기는 피리이다. 피리는 가장 높고 우렁찬 소리를 내기 때문에 연주를 이끄는 역할을 한다. 피리를 포함한 합주 이후에, 3개의 악기가 어우러져 소리를 낸다.

피리(왕)가 잠시 쉬는 동안에는 나머지 3개의 악기(3명의 신하)가 어우러져 연주(국가)를 유지한다. 피리(왕)를 포함한 4명이 연주하는 것과 3개의 악기(3명의 신하)만으로 연주하는 형태가 자연스럽게 이어지는 형태를 연음 구조라고 국악 해설가들은 이야기하고 있다. 3개의 악기는 순(純) 대금, 교(皦) 소금, 역(繹) 끌어당기는 현악기, 즉, 해금, 거문고 등과 유사한 악기에 해당한다.

필자가 글로 길게 표현하더라도, 이해가 쉽지 않을 수 있다. 잠시 시간을 내어 유튜브를 열고, '수제천'을 검색하면, 국립국악원의 많은 연주를 찾을 수 있다. 이를 5분 정도 감상해보면, 위 내역이 어떤 의미인지 쉽게 다가올 것이다.

중간마다 피리가 연주를 쉬며 호흡을 가다듬고, 3개의 악기가 이어받아 연주하며, 다시 피리가 이끌어 합주를 이어가는 모습을 살펴보면, 연음 구조의 의미를 이해할 수 있으며, 이 구절을 감상하는 재미가 늘어날 것이다.

'수제천'은 삼국시대 이전부터 내려온 음악이다. 삼국시대는 중국과의 교류가 많았으며, 이런 형식을 중국으로부터 들여와 우리의 음악으로 발전 계승해 온 것으로 추정한다. 3.23구절에 대해서는 중국어 사용 문화권에서도 오히려 해석을 못 하고 있으니, 공자의 사상을 글로는 전달받았으나, 그 사상이 주는 깊은 뜻은 이해하지 못하고 있다. 우리에게는 수제천이라는 훌륭한 문화의 계승이 있어, 공자의 참뜻을 이해할 수 있는 계기가 되었다고 생각하니, 실로 즐겁지 않을 수 없다. 그리고, 우리의 문화가 자랑스럽지 않을 수 없다.

음악에서도 질서(禮)를 벗어나지 않고, 조화와 균형이 어우러져야, 편안하고 즐거움이 나타난다. 그런 4개의 악기 중에 피리(왕)가 이끄는 힘이 부족하면, 전체적으로 너무 처진다는 느낌이 들며, 나머지 3개의 악기가 조화를 이루지 못하거나, 피리(왕)를 앞서는 경우는 균형을 잃고, 연주가 어지럽게 된다.

공자가 이런 이야기를 국가의 실세인 대사(大師)에게 전달했다 하니, 공자의 목숨이 위태롭겠구나! 생각이 드는 구절이다. 왕을 허수아비로 만들고, 환공의 후손(삼환)들이 국가를 어지럽히고 있다는 이야기를 간접적으로 전달한 것이다.

다음 구절 3.24에서 공자가 노나라를 떠나 다른 나라로 도피하는 내역이 나오는 것을 볼 때, 이 시기가 공자의 나이 53세 정도로 추정해 볼 수 있다.

참고

- **주나라 왕, 천자를 중심으로 3명의 신하:** 태사(太師), 태부(太傅), 태보(太保)
- **제후국**(노나라)**의 3명의 신하:** 대사(大師), 대부(大傅), 대보(大保)

3.24

儀封人請見曰：“君子之至於斯也，吾未嘗不得見也.” 從者見之，出曰：“二三子何患於喪乎? 天下之無道也，久矣. 天將以夫子爲木鐸.”

■ 관련: 1.7 賢賢易色

:: **해석**

의(儀)나라의 봉인(封人)이 만나 뵙기를 청하면서 말하길, “군자가 이곳에 오면, 나는 아직 뵙지 못한 적이 없었습니다”. 종자가 그를 공자에게 안내해주었다. 그는 공자를 만나고 나오면서 말하길, “여러분은 어째서 공자께서 관직을 잃은 것에 대하여 근심하시나요? 천하에 도가 없어진 지 오래되었습니다. 하늘이 장차 선생을 (세상의) 목탁으로 삼으려는 것입니다.”

:: **해설**

3.23구절의 사건이 계기가 되어, 공자는 노나라에서 내몰리게 되고 천하를 주유한다. 이때 의(儀)나라 국경을 지키는 자(封人)와의 만남을 일화로 설명한 것이다. 이때 공자의 나이 53세 정도이니, 지천명(知天命)에 이르러, 하늘의 뜻을 받들어 세상을 주유하면서 공자의 사상을 전파하고 후학을 양성했던 시기이다.

참고

목탁(木鐸)은 오늘날 스님들이 두드리며, 돌아다니는 것을 볼 수 있다. “이 세상에 부처님의 말씀을 전하러 왔습니다." 중생들의 고통을 낮추고, 평화와 안녕을 이끄는 소리이다. 그런 인생의 행보를 공자께서도 세상을 주유하며 이루었다. 불교는 공자 시대보다 500년 후 중국에 전파되었고, 본격적으로 활성화된 것은 당나라 초 이후이다

봉인(封人)은 국경을 봉쇄하는 임무를 맡은 사람이다. 국경을 넘어가는 사람들을 통제하고, 적의 침입을 제일 먼저 알리는 역할을 한다

3.25

子謂〈韶〉: "盡美矣, 又盡善也." 謂〈武〉: "盡美矣, 未盡善也."

■ 관련: 1.7 賢賢易色

:: **해석**

공자께서 「소」를 평하여는 "지극히 아름답고, 또한 지극히 선하다!"라고 하시고, 「무」를 평하여는 "지극히 아름다우나, 지극히 선함은 아니다!"라고 하셨다.

:: **해설**

보이는 것, 들리는 것(色) 기준으로는 아름다울 수도 있으나, 그 의미를 돌아보면 선(善)하지 않은 일이 있을 수 있다.

참고

- **소**(韶): 순임금 때의 악곡으로 태평성대를 노래한 음악
- **무**(武): 주나라 무왕 때의 악곡으로 은나라를 뒤집고, 건국을 찬양한 음악

3.26

子曰: "居上不寬, 爲禮不敬, 臨喪不哀, 吾何以觀之哉?"

- 관련: 1.6 汎愛衆而親仁
  1.7 賢賢易色

:: **해석**

공자께서 말씀하시길, "높은 자리에 있으면서 관대하지 않고, 예를 행함이 공경스럽지 않고, 상례에 임하여 슬퍼하지 않는다면, 내가 어떻게 그 사람을 바라보겠는가?"

:: **해설**

공자가 은자가 되어 천하를 떠도는 이유가 설명된 구절이다. 국가에 올바름(道)이 사라지고, 제후(임금)들도 어질(仁)지 못한 상황을 설명하고 있다. 올바르지 못한 군주를 바라보고 일을 할 수는 없다는 이야기이다.

4편

이인里仁

|26구절|

제4편을 교과서 읽듯이, 그냥 읽어 나간다면 글이 전달하는 깊은 의미를 놓치기 쉽다. 헤아리고, 또 헤아림이 필요한 구절들이다. 제목에서 '인을 헤아리기'라 표현된 것처럼 논리적인 생각을 동원하여 이해함이 필요하다.

4.1

子曰: "里仁 爲美. 擇不處仁, 焉得知?"

■ 관련: 1.2 君子務本, 本立而道生。孝弟也者, 其爲仁之本與

:: **해석**

공자께서 말씀하시길, "인(仁)을 헤아리는 것은 아름다운 일이다. 인(仁) 하지 않는 쪽을 선택한다면, 어떻게 지혜롭다고 할 수 있겠는가?"

참고

리(里): 읍, 면, 리, 행정구역의 단위 중 가장 작은 단위이다. 대략 25가구 정도가 모여서 사는 규모이다. 식구의 수를 헤아릴 수 있을 정도의 작은 마을이다. 여기서는 행정구역의 단위가 아닌, 헤아리다 라는 뜻으로 사용되었다.

4.2

子曰: "不仁者, 不可以久處約, 不可以長處樂. 仁者安仁, 知者利仁."

■ 관련: 1.2 君子務本, 本立而道生. 孝弟也者, 其爲仁之本與
1.7 事父母能竭其力, 事君能致其身, 與朋友交言而有信

:: **해석**

공자께서 말씀하시길, "어질지 못한 사람은, 약속을 이루고 길게 지속하지 못하며, 편안함을 이루고 길게 편안함을 지속하지 못한다. 어진 사람은 인(仁)으로부터 편안함(安)을 얻고, 지혜로운 사람은 인(仁)으로 이로움(利)을 얻는다."

:: **해설**

군자는 본질에 온 힘을 쓴다고 1.2구절에서 이야기했다. 인간이 살아가는 본질의 기초는 효(孝)와 제(弟)를 바탕으로 하는 인(仁)이라는 속성이 자리하고 있다. 이를 바탕으로 부모와 국가를 섬기고, 사람들 간의 관계를 맺을 때 그 온몸과 힘을 다하고, 신(信)을 바탕으로 해야 한다. (1.7구절 참조)

그러나, 어질지 못한 사람은 온몸과 힘을 다하지 않기 때문에, 그 상황을 오랫동안 지속하지 못한다. 어진 사람은 그것을 다함으로써 편안함을 얻고, 이로움도 얻게 된다. 즉, 어진 사람이 모여 이루는 사회는 가정도 편안하고, 그 사회도 편안함을 얻게 되며, 사회 전체의 관계를 어질게 형성하기 때문에, 사회를 이루는 구성원 모두가 이로운 방향으로 발전하게 된다.

4.3

子曰: "惟仁者, 能好人, 能惡人."

■ 관련: 1.2 君子務本, 本立而道生
1.7 事父母能竭其力, 事君能致其身, 與朋友交言而有信

:: **해석**

공자께서 말씀하시길, “오직 어진 사람만이, 다른 사람을 좋아할 수 있고, 미워할 수 있다.”

:: **해설**

1.2구절 관련, 사용된 단어를 조심스럽게 헤아려 보면, 본질을 위해 힘쓴다(務本)고 했지, ‘본질을 기초로 완성’한다고 하지 않았다. 인간의 속성과 연관된 일이며, 살아가는 동안 지속되는 일이기 때문에 완성이란 표현을 사용하기는 어렵다. 인간은 완성이 있을 수도 없다.

역으로 바라보면, 군자라는 것 또한 완성의 의미가 아니라, 노력하고, 힘쓰는 방향성을 의미한다. 부모를 섬기는 일도, 국가에 충성하는 일도 완성이란 것은 없다. 다만 나의 온몸과 온 힘을 다해 노력할 뿐이다. 사람 사이의 관계도 신의, 신뢰를 바탕으로 할 따름이다. 100%라는 것은 기계에서나 이루어질 수 있는 속성이다.

인간관계에서는 좋고, 싫음이 발생할 수밖에 없다. 그런데도, 일방적인 좋음, 일방적인 싫음이 형성되는 관계가 있다면, 그것은 종속적인 관계이다. 인(仁)을 기본으로 하는 관계가 아니라, 불가(佛家)에서 얘기하는 업보(業報)에 의해 묶여서, 일방적으로 서비스해야 하는 관계이다. 업보(業報)에 묶여서 억지로 살아야 하는 관계가 지속된다면 얼마나 괴롭겠는가?

그런 괴로움이 심각하게 예상되기 때문에, 현대의 젊은이들이 결혼을 기피하고 아이 낳기를 포기하고 있다. 그보다 더 심각한 것은 관계 맺기를 꺼리며, 사이버 공간으로 도피하고 있다. 그곳에서는 나 혼자 좋으면 되고, 싫으면 나 혼자 싫어하면 그만이다. 그게 심화되어 현실과 유리되고, 인터넷 중독으로 이끌리게 된다.

공자의 사상은 이런 관점에서 바라보면 실로 대단한 통찰이다. 올바로 이해한다면, 최근 사회 문제가 되는 인간성의 상실, 사회와 격리화, 인터넷의 폐해에 대한 올바른 해결책을 구할 수 있는 기초를 얻을 수 있다.

쉽게 이해하자면 우리가 식사할 때 단 것(好)과 쓴 것(惡)을 골고루 섭취하는 것이 건강에 좋은 것과 유사하다. 단것만 과다하게 섭취하여, 얼마나 많은 인구가 비만과 당뇨로 고생하고 있지 않은가!

4.4

子曰: "苟志於仁矣, 無惡也."

■ 관련: 1.7 事父母能竭其力, 事君能致其身, 與朋友交言而有信

:: 해석

공자께서 말씀하시길, "진실로, 어질음(仁)에 의미를 두고 있다면, 싫어함(惡)에 집착하지 않는다."

:: 해설

이 구절에서는 무악(無惡)에서 무의 쓰임을 잘 이해할 필요가 있다. 무욕(無慾), 무소유(無所有)를 '욕심이 없다, 가진 것(所有)이 없다'로 오해하는 것과 유사하다. 무욕(無慾)은 욕심에 집착하지 않다. 무소유(無所有)는 소유에 집착하지 않는다는 의미이다.

마찬가지로 무악(無惡)은 '악의, 악함, 싫어함이 없다'라 이해하기보다 악함 또는 싫어함에 대해 집착하지 않다, 초월하다는 의미로 이해함이 적절하다. 그렇게 함으로써, 4.2절에서 언급된 바와 같이, 인(仁)을 통해서 관계의 편안함(安)과 이로움(利)을 모두 취할 수 있게 된다.

참고

어진 사람도 때에 따라서는 싫어하는 마음은 발생할 수 있고, 싫어할 수도 있다. 싫어함을 표현할 수 없는 관계의 문제점은 4.3구절 참고.

4.5

子曰: "富與貴, 是人之所欲也, 不以其道得之, 不處也. 貧與賤, 是人之所惡也, 不以其道得之, 不去也. 君子去仁, 惡乎成名? 君子無終食之間違仁, 造次必於是, 顚沛必於是."

■ 관련: 1.2 君子務本, 本立而道生. 孝弟也者, 其爲仁之本與

:: **해석**

공자께서 말씀하시길, "부유함과 고귀함, 이것은 사람들이 원하는 것이다. 합당한 방식으로 얻은 것이 아니면, 거기에 머무를 수 없다. 빈곤

함과 천박함, 이것은 사람들이 싫어하는 것이다. 정당한 방식으로 얻은 것이 아니어도, 거기를 벗어나지 못할 수도 있다. 군자가 인(仁)을 벗어난다면, 어디에서 그 이름을 이루겠는가? 군자는 밥 한 끼 먹는 짧은 시간도 인(仁)을 어김이 없으니, 다급해도 반드시 인에 머무르고, 곤경에 빠져도 반드시 인(仁)을 벗어나지 않는다."

:: **해설**

상황에 따라서, 가난하고 천한 위치에도 군자는 존재할 수 있다. 가난하고 천한 위치에 처하더라도, 인(仁)의 방법을 버리면 어떻게 군자라고 이름 부를 수 있겠는가?

4.6

子曰: "我未見好仁者, 惡不仁者. 好仁者, 無以尙之, 惡不仁者, 其爲仁矣, 不使不仁者加乎其身. 有能一日用其力於仁矣乎? 我未見力不足者. 蓋有之矣? 我未之見也."

■ 관련: 1.2 孝弟也者, 其爲仁之本與
1.7 事父母能竭其力, 事君能致其身
4.1 里仁

:: **해석**

공자께서 말씀하시길, "나는 인(仁)을 좋아하는 사람과 불인(不仁)을 싫어하는 사람을 본 적이 없다. 인(仁)을 좋아하는 사람은, 그것을 숭상하지 않아야 한다. 불인(不仁)을 싫어하는 사람은, 그것 자체가 인(仁)을 이루기 때문에, 불인(不仁) 이라는 것, 그 자체가 존재할 수 있도록 만들 수 없다. 능히 하루를 인(仁)이라는 것을 위해 그 힘을 쓸 수 있는가? 나는 그 힘이 부족한 사례를 본 적이 없다. 대략, 그런 일이 존재할 것 같은가? 나는 그런 일을 본 적이 없다."

:: **해설**

이 구절은 인(仁)의 속성을 논리적으로 헤아려(里仁) 설명하고 있어서 다소 복잡하다. 실제 사례를 적용해서 생각해보면 오히려 이해가 빠를 수 있다. 인의 근본은 효(事父母能竭其力)라고 했다. 효를 사례로 들어 설명해보자

인(仁)을 좋아한다고 해서, 효를 초월하여, 그 이상의 어떤 것을 더할 수 있는 것은 아니다. 완벽한 효(孝)란 있을 수 없다. 그런데도, 효에 대해 떠받들고, 어떤 효행을 과장하며, 꾸미는 일은 효를 숭상하는 일이다.

보이지 않는 성질의 어떤 것을 숭상하고, 찬양하다 보면 신성(神聖)하게 여기게 된다. 즉, 과도함이 지나치게 된다. 공자께서는 인(仁)에 대한 과장된 숭상으로, 사이비가 됨을 우려해서, 그것을 숭상하지는 말라(無以尚之) 당부한 것이다.

다시 생각해보면 어진 사람은 '인(仁)하다'라는 표현으로 충분하다, 그 앞에 인(仁)을 좋아한다는 표현이 들어가면서, 아직 어진 마음과 행동이 부족하다는 논리가 된다. 효(孝) 또한 같은 논리가 적용된다. 효(孝)를 좋아하는 사람은 아직 효에 대한 무엇인가 부족하다는 의미이다.

반대로, 효를 다하지 않는 사람(不仁)을 싫어한다고 해서, 그 싫

어하는 행위 자체에 대해 인(仁)하지 않다고 할 수 없다. 그래서, 논리적으로 '惡不仁者'가 성립되지 않으며, 그런 상태를 만들 수 없다고 설명했다.

능히 하루를 효를 위해 힘쓸 수 있는가? 그 힘이 부족한 사람을 본 적이 없다. 효를 잘하고, 제대로 함을 의미하는 것이 아니다. 효를 위해 노력하는 관점에서 이야기하고 있다. 역으로, 효를 잘하는 것은 무엇일까? 효를 얼마만큼 잘하는지 평가하는 것 자체가 어려운 일이다. 효를 행하려는 노력의 정도를 평가하는 것이 오히려 적절하다.

맨 마지막 문장의 논리는 효에 대한 노력이 부족함은 있을 수 있어도, 그 힘이 부족하여 노력조차 할 수 없는 사람은 본 적이 없다는 이야기이다.

4.7

子曰: "人之過也, 各於其黨. 觀過, 斯知仁矣."

■ 관련: 1.2 其爲仁之本與
1.7 與朋友交言而有信
4.1 里仁

:: **해석**

공자께서 말씀하시길, "사람의 지나침은 각각 그가 속한 무리의 부류에 따라 결정된다. 지나침의 성질을 보면, 곧 그 인(仁)의 정도를 알 수 있게 된다."

:: **해설**

사람의 지나친 성향, 행위의 정도는 그가 속해 있는 소속과 무리를 따르게 된다. 소속, 무리, 정치 관련 당(黨)이 거친 집단일 경우, 거친 행위도 인간적이고, 어질게 보일 수 있다. 소속, 당(黨)이 온순한 사람들이 모여 있고, 질서가 잘 잡혀 있는 경우, 거칠고 과다한 행위는 어질다고 받아들여지지 않는다.

사람은 비슷한 사람들끼리 모이는 성향이 있기 때문에, 관계를 갖는 해당 소속 집단의 성향에 따라 그 속성을 어느 정도 같이 하게 된다. 그래서, 정치적으로 같은 뜻, 같은 속성을 공유하는 당(黨)이라는 것이 형성된다.

즉, 인(仁)의 속성은 그 사람이 소속한 집단, 태어나고 자란 곳의 성향에 따라 다르게 발현될 수 있다.

현대 사회에서는 속해 있는 집단이 여러 개일 수 있다. 또한 소속의 이동도 잦다. 일터와 지역 사회, 취미를 위한 공동체, 정치적 성향을 나누고 같이 하는 집단, 배움과 스포츠를 같이 하는 집단 등 사회가 다양화되고 세분되어, 2500년 전, 공자의 시대와는 사뭇 다른 양태이다.

그래서, 집단의 속성을 따르는 것보다, 개개인의 속성이 더욱 강화되고 있다. 하지만, 현대에서도 오랜 기간 특정 집단에 머무르는 경우, 그런 속성을 다분히 드러낸다.

4.8

子曰: "朝聞道, 夕死可矣."

■ 관련: 1.2 其爲仁之本與
1.7 事君能致其身 與朋友交言而有信
4.1 里仁

:: 해석

공자께서 말씀하시길, "조정의 조회에서 올바른 말을 듣는다면, 저녁에 죽어도 괜찮다."

:: 해설

이 문구에 대한 해설에서, 해석자마다 논란이 많다. "아침에 도(道)를 듣거나, 도(道)를 깨치면 저녁에 죽어도 좋다."로 통상 해석한다. 인간 사상의 틀, 공부를 노자 도덕경으로 시작한 필자 또한, 이 구절을 보고 깜짝 놀랐다.

공자께서 도(道)를 추종하셨나? 1~4장까지 내용을 보면 전혀 그렇지 않은데, 갑자기 무슨 이야기를 하는 것일까? 이 구절이 전하고자 한 교훈이 무엇일까? 과연 공자께서 생각하신 도(道)는 무엇을 말하는 것일까? 논어를 찬찬히 다시 읽다 보니, 잘못 짚었다는 것을 알게 되었다.

먼저 조(朝)는 조(朝)정을 이야기하기도 하고, 아침(朝)을 이야기하기도 한다. 중의적 표현이다. 정확히 표현하자면, 조정에서 열리는 조회(회의)를 말한다. 그리고, 4.7구절과 연계해서 이 구절을 이해해야 한다.

조정에 가면 당(黨), 즉 무리가 나뉜다. 조선시대 그 심했던 당파 싸움이 대표적인 사례이다. 조직 내에서 성향이 다른 사람들은 분리되어, 무리가 나뉘게 되며, 이것은 어떻게 보면 자연스러운 일이다. 무리가 나뉜 후, 대화와 협의를 통해 올바른 방향으로 나라를 이끈다면 훌륭한 일이다. 그러나, 나라가 혼란스러운 대부분 이유는 그 나뉜 무리가 서로의 이권을 위해 싸우는 경우이다. 당쟁이라 표현한다.

공자가 충성을 다했던 노나라는 이미 당쟁의 차원을 넘어 삼환(세 명의 세도가)에 의해 나라가 이미 부패하고, 국운이 기울었다. 그래서, 조정 전체가 올바름을 잃었고, 회의에서 국가를 위한 대화를 들을 수 없었음을 한탄하며, 이야기한 구절이다. 공자께서 나라를 생각하는 충(忠)심이 지극했음을 알 수 있다.

4.9

子曰: "士志於道, 而恥惡衣惡食者, 未足與議也."

■ 관련: 1.2 君子務本, 本立而道生
1.8 君子不重則不威

:: **해석**

공자께서 말씀하시길, "선비로서 올바른 길에 뜻을 두고, 나쁜 옷과 나쁜 음식을 부끄럽게 여기면, 함께 이야기할 가치가 없다."

4.10

子曰: "君子之於天下也, 無適也, 無莫也, 義之與比."

■ 관련: 1.2 君子務本, 本立而道生
1.8 主忠信, 無友不如己者

:: **해석**

공자께서 말씀하시길, "군자가 천하에서 살아감에는 꼭 이래야 한다고 집착하는 것도 없고, 꼭 이래서는 안 된다고 집착하는 것도 없으며, 의로움과 같이할 뿐이다."

4.11

子曰: "君子懷德, 小人懷土. 君子懷刑, 小人懷惠."

■ 관련: 1.2 君子務本, 本立而道生
1.3 道之以政, 齊之以刑, 民免而無恥. 道之以德, 齊之以禮, 有恥且格
1.8 主忠信
1.9 愼終 追遠民 德歸厚矣

:: **해석**

공자께서 말씀하시길, "군자는 가슴속에 덕을 생각하고, 소인은 가슴속에 땅(富)을 생각한다. 군자는 가슴속에 법으로써 다스릴 생각을 품고, 소인은 가슴속에 은혜로써 다스릴 생각을 품는다."

:: **해설**

소인은 두 가지 부류가 있다. 그 하나는 서민, 현대의 소시민을 의미한다. 힘없고, 가진 것이 없는 사람들이다. 서민들은 농업(생업)을 중시한다. 즉 땅에 연명하기 때문에, 땅(생업)은 목숨과도 같은 것이다. 그리고, 어려운 시기에는 국가에서 호혜를 베풀기를 간절히 원한다.

다른 하나는 탐관오리이다. 그 들은 땅을 통해 부(富)를 이루는 일에 능하다. 서민들을 착취하고, 그곳에서 나는 것을 자신의 것으로 만드는 일에 능하다. 그래서 많은 땅을 탐한다.

현대에서도 부동산을 통한 부를 축적하는 일에 혈안이 되어 있는 부류이다. 토지의 체계와 용도를 변화시키는, 변화의 주축에 서서 갖은 비리를 만들고, 자신의 부(富)를 챙기는 사람들에 해당한다.

그런 탐관오리는 법을 따르는 일과는 상관없이, 겉으로 드러내는 호혜를 베푸는 일에 앞장서고, 뒤로는 서민들로부터 많은 세금을 서슴없이 걷는다. 그래야, 서민들의 삶이 어려워져, 호혜를 베풀 때 서민들이 눈물을 흘리고, 고마워하기 때문이다.

4.12

子曰: "放於利而行, 多怨."

■ 관련: 1.9 愼終 追遠民 德歸厚矣

:: **해석**

공자께서 말씀하시길, "이익에 따라 행동하면, 원망이 많아진다."

4.13

子曰: "能以禮讓爲國乎, 何有? 不能以禮讓爲國, 如禮何?"

■ 관련: 1.10 必聞其政, 夫子溫良恭儉, 讓以得之

:: **해석**

공자께서 말씀하시길, "질서(禮)와 양보로써 나라를 다스릴 수 있다. 무슨 문제가 있겠는가? 질서(禮)와 양보로써 나라를 다스리지 못한다면, 질서(禮)에 따라 행하는 것이 무슨 의미가 있겠는가?"

4.14

子曰: "不患無位, 患所以立, 不患莫己知, 求爲可知也."

■ 관련: 1.10 求之與, 其諸異乎 人之求之與

:: **해석**

공자께서 말씀하시길, "지위에 오르지 못함을 걱정하지 말고, 어떻게 (올바른 방법으로 그 지위에) 설 것인가를 걱정하라. 알아주는 사람이 없음을 걱정하지 말고, 남이 알아줄 만하게 되기를 추구하라."

4.15

子曰："參乎！ 吾道一以貫之." 曾子曰："唯." 子出. 門人問曰："何謂也?" 曾子曰："夫子之道, 忠恕而已矣."

■ 관련: 1.2 君子務本, 本立而道生
1.7 事父母能竭其力, 事君能致其身, 與朋友交言而有信
1.8 主忠信

:: **해석**

공자께서 말씀하시길, "(증)삼아! 나를 이끄는 것은 처음부터 끝까지 일관된다". 증자가 "예!" 하고 대답하였다. 공자께서 나가시자. 문하의 사람들이 묻기를, "무엇이라고 말씀하셨습니까?" 증자가 말하기를, "선생님을 이끌어주는 것은 충서(忠恕)일 뿐이다."

:: **해설**

군자는 본질에 힘쓴다. 본질을 세우고 올바른 삶을 살아간다. 그런 본질은 인(仁)을 기초로 하고, 인(仁)은 효(孝)와 충(忠), 신(信)을 이끌어 준다. 공자는 부모님을 일찍 잃었기 때문에, 충(忠)과 신(信)에 대해 최선을 다해 살았다.

신(信)의 기본적인 속성은 여심(如心)이다. 상대의 마음을 내 마음과 같이하는 것(恕)으로부터 믿음과 신뢰는 시작된다.

참고

도(道) 여기서는 이끌다, 인도하다 라는 뜻으로 사용됨.

4.16

子曰: "君子喻於義, 小人喻於利."

■ 관련: 1.10 구절

:: **해석**

공자께서 말씀하시길, "군자는 의(義)로움에 밝고(즐거워하고), 소인은 이익에 밝다(즐거워한다)."

:: **해설**

유(喩)라는 글자는 깨우치다, ~에 이해가 밝다, 유쾌하다, 기뻐하다 등으로 사용된다. 여기서는 '~에 대해 밝다' 또는 '~에 즐거워하다' 두 가지 모두로 해석해도 무리가 없다.

4.17

子曰: "見賢思齊焉, 見不賢而內自省也."

■ 관련: 1.10구절, 군자가 구하는 것, 소인이 구하는 것

:: **해석**

공자께서 말씀하시길, "현명한 사람을 보면 그와 나란히 될 것을 생각하고, 현명하지 못한 사람을 보면 속으로 자신을 돌아본다."

:: **해설**

1.10 구절을 되돌아보라. 공자께서 나라를 방문하여 듣고 구하신 것과 다른 사람들이 구한 것의 차이를 살펴보면, 현명한 사람의 방법과 행동을 보고 따라서 배움이 필요하다.

이에 반해, 소인이 구차한 관점에서 그 나라의 정치에 대해 이해를 구하고 있다는 것을 이해한다면, 스스로 자신을 반성하고 다르게 행동할 일이다.

4.18

子曰: "事父母幾諫, 見志不從, 又敬不違, 勞而不怨."

■ 관련: 1.11 父在觀其志, 父沒觀其行, 三年無改於父之道, 可謂孝矣

:: **해석**

공자께서 말씀하시길, "부모를 섬길 때는 부드럽고 완곡하게 간하며, 부모님이 나의 간언을 따르지 않음을 알더라도, 또한 공경하고, 부모님을 거스르지 않으며, 힘이 들더라도 원망하지 않는다."

4.19

子曰: "父母在, 不遠游, 游必有方."

■ 관련: 1.11 父在觀其志, 父沒觀其行, 三年無改於父之道, 可謂孝矣

:: **해석**

공자께서 말씀하시길, "부모님이 생존해 계시면, 멀리 떠나지 않으며, 나가게 되면 반드시 미리 행방을 말씀드린다."

4.20

子曰: "三年無改於父之道, 可謂孝矣."

■ 관련: 1.11 父在觀其志, 父沒觀其行, 三年無改於父之道, 可謂孝矣

:: **해석**

공자께서 말씀하시길, "(돌아가신 후) 3년 동안 부친이 이끌었던 길(방향)을 바꾸지 않는다면, 효(孝)라고 할 수 있다."

4.21

子曰: "父母之年, 不可不知也. 一則以喜, 一則以懼."

■ 관련: 1.11 父在觀其志, 父沒觀其行, 三年無改於父之道, 可謂孝矣

:: **해석**

공자께서 말씀하시길, "부모님의 연세는 알고 있지 않으면 안 된다. 한편으로는 (부모님이 오래 사시는 것에) 기뻐할 수 있고, 한편으로는 (부모님이 늙어 가시는 것을) 두려워할 수 있기 때문이다."

4.22

子曰: "古者言之不出, 恥躬之不逮也."

■ 관련: 1.12 知和而和, 不以禮節之

:: **해석**

공자께서 말씀하시길, "옛날에는 말이야! 이런 말을 하지 않는 것은, 자기 말을 따르지 못하는 것, 즉, 실행하지 못하는 것이 부끄럽기 때문이다."

:: **해설**

자(者)는 시간을 표시하는 말 뒤에 붙은 접미사이다. 별 뜻이 없다. 현대에서도 '나 때는 말이야~' 이런 표현을 자주 사용하는 사람들에게 주의할 것을 알려주는 구절이다. 왜냐하면, 자신 스스로 약속을 지키지 못하거나, 실천하지 못할 말을 할 수 있기 때문이다.

4.23

子曰: "以約失之者鮮矣."

■ 관련: 1.12 禮之用, 和爲貴. 先王之道, 斯爲美, 小大由之. 有所不行, 知和而和, 不以禮節之, 亦不可行也

:: **해석**

공자께서 말씀하시길, "약속을 실천함으로써, 잘못되는 사람은 드물다."

4.24

子曰：“君子欲訥於言而敏於行.”

■ 관련: 1.12 有所不行, 知和而和, 不以禮節之, 亦不可行也

:: **해석**

공자께서 말씀하시길, “군자는 말하는 데는 어눌하고, 행동하는 데는 민첩하다.”

4.25

子曰：“德不孤, 必有鄰.”

■ 관련: 1.12 禮之用, 和爲貴.

:: **해석**

공자께서 말씀하시길, “덕이 있는 사람은 외롭지 않고, 반드시 이웃이 있다.”

4.26

子游曰: "事君數, 斯辱矣. 朋友數, 斯疏矣."

■ 관련: 1.13 信近於義, 言可復也.恭近於禮, 遠恥辱也

:: **해석**

자유가 말하길, "임금을 섬김에 있어서 이익을 계산하면, 그 일로 욕을 당하게 된다. 친구를 사귐에 있어서 이익을 계산하면, 사이가 소원해지게 된다."

5편

공야公冶

| 27구절 |

삶의 모습(色) 및 관계는 다양한 형태로 변한다. 제5편은 전체적으로 관계 속에서 언어와 행위가 이루는 모습에 대한 설명이다. 즉, 언어와 행위는 인간관계를 통해 드러난다. 가족이 이루는 관계부터 이웃, 친구로 확장되어, 사회와 국가를 형성한다. 그 관계의 모습을 설명하고, 교훈을 전달하고 있다.

제5편을 읽으면서, 공자는 주변 인물들을 이렇게, 저렇게 평하고 있다. 단지, 사람을 평가한 사항으로 글을 이해하는 것으로 그치면 곤란하다. 다양한 인물을 등장시켜서, 그들의 언어와 삶의 모습에 대한 관계를 설명하고 있으므로, 그 대화의 이면에서 전달하는 교훈에 귀 기울이는 세심함이 필요하다.

5.1

子謂公冶長: "可妻也. 雖在縲紲之中, 非其罪也." 以其子妻之. 子謂南容: "邦有道不廢, 邦無道免於刑戮." 以其兄之子妻之.

■ 관련: 1.13 信近於義, 言可復也. 恭近於禮, 遠恥辱也. 因不失其親, 亦可宗也.

:: **해석**

공자께서 공야장에 대해 말씀하시길, "사위로 삼을 만하다. 비록 구속되어 있기는 했지만, 그의 죄가 아니다" 하시고, 자기 딸을 그에게 시집 보냈다.

공자께서 남용에 대해 말씀하시길, "나라에 도가 있을 때 그는 버림받지 않았고, 나라에 도가 없을 때도, 그는 형벌에 처하지 않았다" 하시고, 자신 형님의 딸을 그에게 시집 보냈다.

:: **해설**

사람이 살아가는 동안, 삶의 모습(色)은 다양한 형태로 변한다. 그러나 그 사람이 어질다면(仁), 자신의 여식과 결혼시키는 일에 문제가 없다.

형편, 모습에 치우치지 않는 삶을 교훈으로 이야기하고 있다. 어느 누가 죄수에게 딸을 시집 모내고 싶어 하겠는가? 공자의 인품과 수양 정도가 여실히 드러나는 대목이다.

참고

1.13구절, 因不失其親, 亦可宗也. 관련 '인하여 그 친함을 잃지 않으며, 가히 근원이 될 수 있다.'고 하였다. 여기서 종(宗)은 포괄적으로 종주, 근원이라 이해했지만, 종친(宗親)이 될 수 있음을 의미한다. 즉, 가족 관계가 될 수 있다.

5.2

子謂子賤: "君子哉若人! 魯無君子者, 斯焉取斯?"

■ 관련: 1.14 君子食無求飽, 居無求安, 敏於事而愼於言, 就有道而正焉

:: **해석**

공자께서 공자에 대하여 낮추어 말씀하시길, "군자인가! 그러나 보통 사람과 다를 바 없다! 노나라에 군자가 없는데, 이 사람을 어찌 군자라고 부르겠는가?"

:: **해설**

공자의 인(仁)의 언어, 겸손한 태도가 드러난다. 당시 공자가 살던 노나라는 세 명의 세도가(삼환)가 나라를 어지럽게 만들었다. 제3편 팔일(八佾)의 3.1, 3.2구절에서도 드러나듯이 예(禮)가 땅에 떨어졌다. 공자는 이에 대해 참다못해, 간언을 올리고(3.23), 노나라를 떠나 천하를 유랑한다.

5.3

子貢問曰: "賜也何如?" 子曰: "女, 器也." 曰: "何器也?" 曰: "瑚璉也."

■ 관련: 1.14 君子食無求飽, 居無求安, 敏於事而愼於言, 就有道而正焉

:: **해석**

자공이, "저는 어떤 사람입니까?" 하고 여쭤보았다.

공자께서 말씀하시길, "너는 그릇이다".

자공이, "무슨 그릇입니까?"라고 하자. 공자께서 "호련이다"라고 하셨다.

:: **해설**

그릇(器)은 쓸모 있는 재목, 인재이다. 하지만, 해당 분야에 한정된다. 그래서, 위정(爲政)편 2.12구절에서, 군자불기(君子不器)라 했다. 군자는 그릇으로 한정되지 않는 큰 인물이다.

자공의 거듭되는 질문에 공자는 호련, 즉, 종묘 제사에서 곡식을 담던 귀중한 제기라고 칭한다. 호련은 대나무로 만들고, 옥으로 장식된 제기이다. 즉, 귀하고 아름다운 자를 의미한다.

5.4

或曰: "雍也仁而不佞." 子曰: "焉用佞? 禦人以口給, 屢憎於人. 不知其仁, 焉用佞?"

■ 관련: 1.14 君子, 敏於事而愼於言

:: **해석**

어떤 사람이 "옹(궁중)은 어질지(仁)만, 말재주가 좋지 않다"라고 하자. 공자께서 말씀하시길, "말재주가 무슨 소용이 있는가? 그럴듯한 말재주로써 다른 사람을 대하면, 자주 다른 사람의 미움을 사게 된다. 그 어질음(仁)을 모르는데, 말재주가 무슨 소용이 있겠는가?"

5.5

子使漆雕開仕. 對曰: "吾斯之未能信." 子說

■ 관련: 1.14 君子, 敏於事而愼於言, 就有道而正焉, 可謂好學也已

:: **해석**

공자께서 칠조개에게 벼슬길에 나아 보라고 하자. 그가 대답하기를, "저는 이에 대해 지금까지 확신이 없습니다"라고 했다. 공자께서 기뻐하셨다.

:: **해설**

공자께서 기뻐한 것은 겸손한 태도도 있지만, 자신에 대해 스스로 올바르게 평가하고, 아직 학(學)문을 더 해야 한다는 것을 인식하고 있다는 점이다.

5.6

子曰: "道不行, 乘桴浮于海, 從我者, 其由與?" 子路聞之喜. 子曰: "由也好勇過我, 無所取材."

■ 관련: 1.14 君子君子食無求飽, 居無求安, 就有道而正焉, 可謂好學也已

:: **해석**

공자께서 말씀하시길, "도가 행해지지 않아서, 뗏목을 타고 바다로 나간다면, 나를 따라갈 사람은, 아마 유이리라". 자로(유)가 이 말을 듣고 기뻐하였다. 이에 공자께서 말씀하시길, "유는 용맹을 좋아함이 나를 능가하건만, 그 재목을 받아주는 데가 없었다."

:: **해설**

사람은 때에 따라서 이런 성향이 더 좋은 시기가 있을 수 있고, 저런 성향이 더 좋은 시기가 있을 수 있다. 때론 은둔이 필요한 시기가 있을 수 있다. 은둔의 시기에 더 좋은 기질을 지닌 제자가 바로 자로이다.

사람의 재능은 숨겨져 있는 부분이 많아서, 어느 시기에, 어느 장소에서 사용되는지에 따라서 올바르게 쓰이고, 빛을 발한다. 반대로, 도(道)가 없는 시기에 얕은 재주를 함부로 뽐내어 지위를 얻는다면, 그 재목은 올바른 방향이 아닌 세상을 어지럽히는 도구로 악용되기 쉽다.

이 구절에서, 공자는 시대와 때를 알고 처신해야 한다는 교훈을 전달하고 있다. 단순히 어지러운 세상을 피해 달아남을 의미하지 않는다. 그런 모습은 전쟁과 폭정을 피해 무작정 떠나는 서민의 모습이다.

공자는 은둔의 시절에도 인재를 발굴하고, 학(学)문을 통해 세상을 올바르게 만들 기틀을 이루는데 온 힘을 기울였다.

5.7

孟武伯問: "子路仁乎?" 子曰: "不知也." 又問. 子曰: "由也, 千乘之國, 可使治其賦也, 不知其仁也." "求也何如?" 子曰: "求也, 千室之邑, 百乘之家, 可使爲之宰也, 不知其仁也." "赤也何如?" 子曰: "赤也, 束帶立於朝, 可使與賓客言也, 不知其仁也."

■ 관련: 1.14 君子, 敏於事而愼於言, 就有道而正焉, 可謂好學也已

:: **해석**

맹무백이 묻기를, "자로는 어집니까?" 공자께서 말씀하시길, "모르겠소." 다시 묻자. 공자께서는 말씀하시길, "유(자로)는 그로 하여금 수레 천 대를 가진 나라의 군사를 다스리게 할 수는 있으나, 그가 어진지(仁)는 모르겠소" 하셨다.

"구는 어떻습니까?"라고 묻자. 공자께서 말씀하시길, "구는 천 호(戶) 되는 읍과 수레 백 대를 가진 경대부(卿大夫) 집안의 집사 노릇을 하게 할 수는 있으나, 그가 어진지는 모르겠소" 하셨다.

"적은 어떻습니까?"라고 하자 공자께서는 "적은 관복을 입고 조정에서면, 그로 하여금 사신(빈객)과 이야기하게 할 수는 있으나, 그가 어진지는 모르겠소" 하셨다.

:: **해설**

5.6구절에 이어, 인재의 쓰임에 관해 이야기하고 있다. 천승지국은 4필의 말이 끄는 수레를 천 대 동원할 수 있는 규모의 국가를 이야기한다. 즉, 제후국이다.

자로는 제후국의 재상으로, 구는 제후국의 경 또는 대부 집안의 총관리인 정도로, 적은 외교에 능한 인재로 평가하고 있다. 그러나, 각각의 인재에 대해 인(仁)의 여부에 대해서는 모르겠다고 답을 하고 있다.

이 구절의 질문과 답의 과정에서 인재 평가의 결과만을 눈여겨본다면 반쪽만 이해하는 격이다.

통상, 모르겠다고 평가하면, 부정적인 점수를 주는 경우라 생각하기 쉽다. 그냥 담박하게 받아들이는 것이 적절하다. 그리고, 공자께서 왜 모르겠다고 지속 답변하셨는지 생각해 봐야 한다.

그 사람이 인(仁)한지, 아닌지는 평가하기 어려운 것이기 때문이다. 인(仁)이라는 것을 좋아하는 사람에게, 4.6구절에서 그것을 숭상하지 말라(無以尙之) 간곡히 당부한 바 있다.

인재의 쓰임을 구분하는 능력을 갖추는 것은 올바로 활용하는 측면에서 좋은 일이지만, 사람을 어떤 기준으로 평가하려는 것은 바람직한 일은 아니다. 특히 사람의 본성(本性)인, 인(仁)을 기준으로 인성이 되었다, 아니다 언급하는 것은 그 자체가 인(仁)이 될 수 없는 행위이다.

논어를 여러 번 읽고 또 읽어보더라도, 사람의 본성 영역에 속하는 마음(心)에 대해 이렇다, 저렇다 이야기한 구절은 없다. 즉 본성인 마음(心) 중에서 관계의 기초를 이루는 인(仁)의 측면 이후에 나타나는 언어와 태도, 행동 기준으로만 언급하고, 설명한다.

즉, 관계를 설명하는 방식에 주관적 요소가 없다. 공자 사상은 객관적이고, 굉장히 정교한 틀로 짜여 있다.

우리는 습관적으로 그 사람 마음이 어때? 착해? 나빠? 이런 질문을 쉽게 한다. 사람이라는 존재를 아주 가볍게 여기기 때문에, 질문 자체가 가벼워진 것이다.

공자 시대 이후, 2500년간 훌륭한 사상을 전달받아 온 가운데, 외세의 침략을 받거나 몰지각한 사람들이 타인을 가볍게 여기는 생각의 틀이 가끔 섞여 전달되어 왔기 때문에, 우리의 말과 행동 속에도 그런 부분이 혼재되어 있다.

논어를 읽는 즐거움은 공자 사상의 이런 부분을 찾고(學), 익히는(習) 데 있다. 상대방의 인(仁)을 평가하기보다, 다른 사람을 쉽게 생각하려는 나의 인(仁)성을 먼저 살펴보아야 할 것이다.

참고

노나라 세도가의 대부로, 삼가[三家, 맹, 숙, 계씨(氏) 세 집안] 중 하나이다. 환공(제후)의 후손들로, 삼환(三桓)이라 일컫는다. 경대부에 위치한 계층으로 노나라를 올바로 이끌지 못했던 사람들이다.

5.8

子謂子貢曰：“女與回也孰愈?” 對曰：“賜也何敢望回? 回也聞一以知十, 賜也聞一以知二.” 子曰：“弗如也, 吾與女弗如也.”

■ 관련: 1.14 君子, 敏於事而愼於言, 就有道而正焉, 可謂好學也已

:: **해석**

공자께서 자공에게 물어보시길, “너와 회(안회) 가운데 누가 더 출중한가?” 하시자. 대답하기를 “제가 어떻게 감히 회를 바라보겠습니까? 회는 하나를 들으면 열을 알고, 저는 하나를 들으면 둘을 압니다” 했다. 공자께서 말씀하시길, “그만 못하다. 너와 나는 그만 못하다.”

:: **해설**

대화 가운데 다음 두 가지를 우선 살펴보자. 하나는 공자의 겸양 태도이고, 다른 하나는 자공의 답변 방식이다.

언어는 자신을 무조건 낮추는 것으로는 충분하지 않다. 자신이 무조건 회보다는 못하다 답변한다면, 다른 자리에서는 그렇게 답변하지 않을 가능성이 크다. 답변은 그렇게 하더라도 속으로는 자신이 더 뛰어나다는 생각을 감추고 있을 수도 있다.

언어는 객관성을 갖추어야 한다. 회가 자공보다 뛰어난 객관적 근거가 드러나 있다. 그렇게 함으로써, 근거를 기준으로 평가하고 이해할 수 있으며, 아첨이나 과한 칭찬의 언어가 되지 않는다.

5.9

宰予晝寢. 子曰: "朽木不可雕也, 糞土之牆不可杇也. 於予與何誅?" 子曰: "始吾於人也, 聽其言而信其行, 今吾於人也, 聽其言而觀其行. 於予與改是."

■ 관련: 1.14 君子, 敏於事而愼於言, 就有道而正焉, 可謂好學也已

:: **해석**

재여가 낮잠을 자자 공자께서 말씀하시길, "썩은 나무로는 조각을 할 수 없고 더러운 흙으로 쌓은 담장은 흙손질할 수 없다. 여에게 무엇을 나무라겠는가?"

공자께서는 또 말씀하시길, "처음에 나는 다른 사람에 대하여 그의 말을 듣고 그의 행동을 믿었는데, 지금 나는 다른 사람을 대할 때 그의 말을 듣고, 그의 행위를 살피게 되었다. 여에 대해서도 이처럼 바뀌었다."

:: **해설**

언어는 신뢰성이 중요하다. 언어는 믿음이자, 약속이다. 내가 언어로 설명한 사항이 신뢰성이 없는 것이라면, 그 대상(설명한 내역)이 문제가 아니라 내가 문제라는 것이다. 그래서 언어는 함부로 내뱉을 수 있는 것이 아니다.

또한, 함부로 남을 평가하고, 남을 비하하는 일을 자주 하는 사람에 대해서는, 그 말하는 사람에 대해 살펴 대해야 함을 교훈으로 전달하고 있다.

5.10

子曰：“吾未見剛者.” 或對曰：“申棖.” 子曰：“棖也欲, 焉得剛?”

■ 관련: 1.14 君子, 就有道而正焉

:: **해석**

공자께서 말씀하시길, “나는 아직 강직한 사람을 보지 못했다” 하시자. 어떤 사람이 “신정입니다.”라고 대답했다. 공자께서 말씀하시길, “정은 탐욕스러운데 어떻게 강직할 수 있겠는가?”

5.11

子貢曰：“我不欲人之加諸我也, 吾亦欲無加諸人.” 子曰：“賜也, 非爾所及也.”

:: **해석**

자공이 “다른 사람이 저에게 하는 것을 원하지 않는 것은 저도 다른 사람에게 하지 않으려고 합니다”라고 하자. 공자께서 말씀하시길, “사(자공)야, 네가 아직 도달할 수 있는 일이 아니다.”

5.12

子貢曰："夫子之文章, 可得而聞也. 夫子之言性與天道, 不可得而聞也."

■ 관련: 1.14 君子, 敏於事而愼於言, 就有道而正焉, 可謂好學也已

:: **해석**

자공이 말하길, "선생님의 학문은 들을 수가 있었으나, 공자께서 인간의 본성과 하늘의 도리(天道)에 관하여 언급하시는 말씀은 들을 수가 없었다."

:: **해설**

성(性)은 인간의 본성, 즉 마음(心)을 의미한다. 천도(天道)는 도(道)의 포괄적 의미로, 세상이 돌아가는 이치, 만물이 이루는 방식을 의미한다. 논어에서 주로 이야기하는 도(道)는 인간관계의 기본인 효(孝)와 제(弟)의 관점에서 언급하고 있다.

5.13

子路有聞, 未之能行, 惟恐有聞.

■ 관련: 1.14 君子, 敏於事而愼於言, 就有道而正焉, 可謂好學也已

:: **해석**

자로는 가르침을 듣고, 그것을 아직 행하지 못했으면, 그 가르침을 또 듣게 될까 걱정했다.

:: **해설**

행하지 못하는데, 듣기만 계속하면 듣고 흘려 버리기 쉽다. 현대 사회에서 학습의 문제 또한 이것에 귀결된다. 교사는 빠르게 많은 것을 가르치고, 학생도 짧은 시간에 많은 것을 듣고, 이해하려 한다. 하지만, 정작 익히는 과정(習)이 부족하다.

배운 것을 익히고, 행할 수 있는 시간이 부족하므로 많이 배운 것 같고, 많은 시간 공부한 것 같지만, 정작 시간이 지나면 허무하다.

5.14

子貢問曰:"孔文子何以謂之文也?" 子曰:"敏而好學, 不恥下問, 是以謂之文也."

■ 관련: 1.14 君子, 可謂好學也已

:: **해석**

자공이 "공문자는 무엇 때문에 (시호에) 문(文)이라고 칭합니까?" 하고 여쭤보자. 공자께서 말씀하시길, "그는 영민하고 배우기를 좋아하며, 자기보다 못한 사람에게 묻는 것을 부끄럽게 여기지 않았다. 이 때문에 그를 문(文)이라고 부른다."

5.15

子謂子產："有君子之道四焉, 其行己也恭, 其事上也敬, 其養民也惠, 其使民也義."

■ 관련: 1.14 君子, 敏於事而愼於言, 就有道而正焉

:: **해석**

공자께서 자신의 정신적 자산에 대하여 말씀하시길, "군자의 도(道)를 네 가지 지니고 있으니, 그 행동이 공손하고, 윗사람을 섬기는 것에 경건하고, 서민을 부양하는 것에 은혜롭고, 서민을 부리는 것이 의(義)롭다."

5.16

子曰："晏平仲善與人交, 久而敬之."

■ 관련: 1.15 子曰："賜也, 始可與言《詩》已矣, 告諸往而知來者"

:: **해석**

공자께서 말씀하시길, "안평중은 다른 사람과 사귀기를 잘한다. 오랫동안 사귀고 사귐에 대해 소중히 여긴다."

참고

안평중은 춘추시대 제나라의 제후 영공, 장공, 경공 등 3대에 걸쳐 재상을 지내며, 50년 동안 나라를 흥하게 만든 인물이다. 지극히 검소하고, 정직하여 공자가 존경하였다.

5.17

子曰："臧文仲居蔡，山節藻梲，何如其知也?"

■ 관련: 1.15 貧而樂, 富而好禮

:: **해석**

공자께서 말씀하시길, "장문중은 채에서 기거한다. 그곳의 기둥머리에 산을 그려 넣고, (동자기둥)에는 물풀 무늬를 그려 장식했다. 어찌 그런 인물을 지혜롭다고 하겠는가?"

:: **해설**

장문중은 노나라 대부 장손씨, 이름은 진이다. 채에서 기거(居)한다. 채(蔡)라는 사당에 점치는 큰 거북이 껍질을 모셔 놓고, 국가의 중대사를 은밀히 점을 쳐서 결정하곤 한다. 장(臧) 문중의 성씨와 감추고 사는 의미의 한자가 동일하다, 중의적 표현이라 할 수 있다.

그런 사당의 주기둥과 동자기둥에 산과 물풀을 그려 넣었다. 산과 물풀은 산과 물을 상징한다. 즉, 이 세상의 모습을 요약하여 그려 넣었다는 의미이다. 왕실의 공식 건축물, 궁전에서나 가능한 일이다. 그런 일을 대부의 집에서 행하다니! 행태가 한마디로 불경하다.

고대부터 거북이는 장수하는 동물로서, 영험하다고 여겨왔다. 특히, 가장 오래된 문자 기록이 발견된 형태가 거북이의 등껍질에 기록된 글자이다. 갑골문이라 이름 부르는 것들이다. 고대 제사에서, 거북이의 등껍질에 글자를 새겨 넣고 길흉을 점치는 데 활용하였기 때문에 그 유물이 많이 보전되었다.

고대의 미신적 풍속이 춘추전국시대에 아직 많이 남아 있어서, 국가의 주요 인물들도 활용했음을 알 수 있다. 공자는 이를 지혜롭지 못한 일로 여기고 있다.

점을 치기 위해 자신의 신분에 넘치는 사당을 짓고, 은밀한 곳에서 귀신의 힘에 의존하여 국사를 돌보고 있으니, 서민들을 의(義)로써 다스리지 않음을 어찌하겠는가? 어찌 그런 사람을 서민들을 이끄는 현자라고 칭송할 수 있을까?

참고

채(蔡): 점치는 큰 거북이를 모셔 두는 사당

5.18

子張問曰: "令尹子文三仕爲令尹, 無喜色. 三已之, 無慍色. 舊令尹之政, 必以告新令尹. 何如?" 子曰: "忠矣." 曰: "仁矣乎?" 曰: "未知. 焉得仁?" "崔子弑齊君, 陳文子有馬十乘, 棄而違之. 至於他邦, 則曰, '猶吾大夫崔子也.' 違之. 之一邦, 則又曰, '猶吾大夫崔子也.' 違之. 何如?" 子曰: "淸矣." 曰: "仁矣乎?" 曰: "未知. 焉得仁?"

■ 관련: 1.15 如切如磋, 如琢如磨
1.16 不患人之不己知, 患不知人也

:: **해석**

자장이 묻기를, "영윤 자문은 벼슬에 나아가 세 번이나 영윤(국가의 재상)이 되었으나, 얼굴에 희색을 띠지 않았고, 세 번이나 그것을 그만두었으나, 성난 기색이 없었으며, 전임 영윤의 정사를 반드시 후임 영윤에게 일러주었는데, 이 사람은 어떻습니까?" 하고 여쭤보자.

공자께서 말씀하시길, "충성스럽다" 하셨다. "어질었습니까?" 묻자. "모르겠다. 어떻게 어질었는지(仁) 알 수가 있겠느냐?"라고 하셨다.

"최자가 제나라의 임금을 시해하자, 진문자는 말 사십 필이 있었는데, 그것을 버리고 그곳을 떠나 다른 나라로 갔다. 곧, '(여기도) 대부 최자와 같은 모습이구나'라고 하면서 그곳을 떠났으며, 다른 나라에 가서는, 또 '(여기도) 대부 최자와 같은 모습이구나'라고 하면서 그곳을 떠났는데 이 사람은 어떻습니까?"

공자께서 말씀하시길, "청백했다" 하시자. 다시 "어질었습니까?"라고 물었다. 공자께서 말씀하시길, "모르겠다. 어떻게 어질었는지 알 수가 있겠느냐?"

:: **해설**

사람을 이해하는 방법에 대해 절차탁마(切磋琢磨)의 관점에서, 긴 문장으로 교훈을 전달하고 있다. 충(忠)과 인(仁)의 차이, 청(淸), 사사로움이 없음(無私)과 인(仁)의 차이에 관해 설명하였다. 아울러, 1.16구절의 교훈을 같이 전달하고 있다.

초나라 사람 자문은, 초나라의 재상 영윤(令尹)에 3번이나 올랐다. 1.3구절에서 교언영색(巧言令色)을 이야기한 바 있다. 영윤의 영(令)이 공교롭게도 같은 한자를 사용한다. 글자 수를 최소화하고,

의미를 최대한 강조하기 위한 중의적 표현이라 할 수 있다.

세 번이나 재상에 오르고, 내리는 동안 얼굴색에 변함(令色)이 없이 일관된다. 그리고 그 언어에 있어, 신뢰가 있다. 즉, 자리에서 물러날 때, 후임자에게 인수인계를 투명하게 하였다는 점을 설명하고 있다.

우리의 정치를 바라볼 때, 정권 교체 시기마다 불거지는 공문서 삭제, 폐기 관련 문제가 대두됨에 비교해보면 얼마나 깨끗한 일인지 알 수 있다. 조선왕조 5백 년간, 왕이라 하더라도 왕조실록 등 사료와 기록물에 대해서는 손대지 않았던 전통과 역사를 지닌 후손으로서 실로 안타까운 일이 아닐 수 없다.

논어 5.18구절의 관점에서 보면, 충(忠)이 부족하기 때문이다. 충(忠)이 아닌 사심(私心)이 잔뜩 포함된 상태에서 일하였기에 벌어지는 일이 아닌지 의심스럽다.

두 번째 사례에서는 1.2구절의 호범상자(好犯上者)의 예를 들어 설명하고 있다. 군주를 시해한 대부가 나라를 좌지우지하는 곳에서는 살 수 없다며, 진문자는 자기 재산을 버리고 떠났다. 남의 나라 이야기로는 쉽다.

우리나라에서도 최근 두 세대 이내에 두 번이나 쿠데타에 의해 정권이 뒤바뀐 사례가 있다. 이때, 이 사실에 분해하며 자기 재산을 모두 버리고, 타국으로 갔다는 사람 이야기를 들어 본 적이 있는가? 필자는 없다.

청렴의 잣대로 위 경우와 저울질할 수 있겠는가? 청렴도 그러한데, 인(仁)의 경지는 어떻겠는가?

단편적인 몇 가지 사항만으로 사람들은 그 사람의 인격을 판단

하려는 경향이 있다. 이 구절에서 우리가 배워야 할 사항은, 사람에 대해서는 언어와 행동을 기준으로 이해해야 함이다. 그것을 넘어서 근본적인 사람의 본질까지 평가하는 것은 무리가 있다. 또한, 보이는 사항만 가지고 함부로 그 사람을 평가하는 경우, 많은 허점과 오류를 낳게 된다. 그래서 공자는 반복적으로 "모른다. 어떻게 알 수 있는가?"로 일관된 답을 하고 있다.

사람을 계량하고 평가하는 것을 신중히 하라는 의미도 포함된다. 논어에서 가르치는 교훈은 그 사람의 평가 결과가 아니라, 사람 사이에 형성되는 관계의 모습을 통해서, 그 사람을 이해하는 방법이다. 그 방법을 바탕으로 자신이 맺고 있는 관계를 올바로 하기 위함이다.

5.19

季文子三思而後行. 子聞之曰: "再, 斯可矣."

■ 관련: 1.15 貧而無諂, 富而無驕, 何如?

:: **해석**

계문자는 세 번 생각하고 난 뒤에 실행에 옮겼다. 공자께서 이 말을 듣고 말씀하시길, "두 번이면 된다."

:: **해설**

1.4구절에 일일 3회 자신을 반성하라고 했다. 여기서는 한 가지

일을 세 번 고민하는 상황이다. 한 가지 일을 세 번 고민하면, 삼각형 모양이 되어, 다시 원점으로 회귀하는 일이 발생한다. 장고 끝에 악수를 두는 일이다.

그래서 공자는 신중히 생각하고, 다시 생각해 보는 것으로 충분하다고 이야기하였다.

5.20

子曰: "甯武子, 邦有道則知, 邦無道則愚. 其知可及也, 其愚不可及也."

■ 관련: 1.15 貧而無諂, 富而無驕, 何如? "可也, 未若貧而樂, 富而好禮者也."

:: 해석

공자께서 말씀하시길, "영무자는 나라에 도가 있으면 지혜롭게 행동하고, 나라에 도가 없으면 어리석게 굴었다. 그의 지혜로움은 따라갈 수 있지만, 그의 어리석음은 따라갈 수 없다."

:: 해설

영무자의 이름을 잘 살펴보면, 영(甯)이라는 글자는 차라리라는 뜻으로, 이렇게도 되고, 저렇게도 될 수 있는 속성을 의미한다. 나라가 올바를 때는 지혜를 발휘하고, 나라가 올바르지 못할 때는 어리석은 행동을 일삼는다.

대다수의 사람도 그렇다. 나라의 질서가 유지될 때는 그에 따르고 잘 산다. 나라에 탐관오리가 득세하고, 혼란할 때는 지혜로운 사람들은 어리석음을 택한다. 자칫 화를 입기 쉽기 때문이다. 열심히 추종하고 일을 해봐야, 서민들의 고통이 가중된다.

5.21

子在陳, 曰: "歸與! 歸與! 吾黨之小子狂簡, 斐然成章, 不知所以裁之."

■ 관련: 1.15 如切如磋, 如琢如磨

:: **해석**

공자께서 진나라에 계실 때 말씀하시길, "돌아가자! 돌아가자! 우리 고향 마을의 젊은이들이 경망하고, 배운 것이 없어 질박하다. 겉으로는 화려하나 깊이 학문을 이루지 못하였다. 학문을 어떻게 해야 할지 모르고 있다."

:: **해설**

공자는 올바른 국가를 이룰 나라를 찾아, 자신을 받아줄 제후를 찾아 떠돌아다녔으나, 자신의 본국, 노나라 후학의 상황을 듣고, 돌아가야 할 때임을 깨닫고, 결심을 내린 후 한 말이다.

5.22

子曰: "伯夷·叔齊不念舊惡, 怨是用希."

■ 관련: 1.15 如切如磋, 如琢如磨, 告諸往而知來者

:: 해석

공자께서 말씀하시길, "백이와 숙제는 지나간 악행, 잘못됨을 생각 깊이 두지 않았다. (지난 악행을) 원망하였으나, 그것을 활용하여 일을 벌이지 않았다."

:: 해설

5.21구절을 이해하고 있다면, 이 구절에서 백이/숙제 이야기했는지 이해가 쉽다. 즉, 공자도 노나라 탐관오리가 벌인 과거지사(過去之事)에 대해 집착하지 않고, 노나라로 돌아가 후학 양성에만 전념하겠다는 의지를 다시 한번 설명하고 있다.

만약 원망, 원한을 하고, 그것을 활용하여(怨是而用是) 옛날의 잘잘못을 다스린다면, 세상은 권력 난투가 벌어지고, 혼란에 빠지게 된다.

공자가 귀향을 결정한 시기는 14년간 유랑을 마친, 68세 정도이다. 이순(耳順)을 넘어 종심(從心)에 다다른 때이다. 위정 2.4구절에서 언급한 각 나이에 따른, 공자의 언행(言行)이 일치함을 엿볼 수 있다.

참고

사마천의 사기에 따르면, 백이와 숙제는 고죽국의 아들들이다. 아버지는 아우인 숙제에게 왕위를 계승하고 싶었으나, 아버지가 죽자 숙제는 왕위를 형 백이에게 양보하려고 했다. 그러자 아버지의 유언을 지키기 위해 백이가 나라 밖으로 달아나 버렸고 숙제도 왕위를 버리고 달아나 버렸다. 어쩔 수 없이 백이의 동생, 숙제의 형인 중간 아들이 왕위를 이었다.
백이, 숙제는 그 후, 함께 주나라로 찾아갔지만, 주 무왕이 은나라를 침공하는 것을 보고, 의(義)가 지켜지지 않는 나라에서 사는 것은 부끄러운 일이라 여기고 수양산에 들어가 고사리로 연명하다가 굶어 죽었다.

5.23

子曰: "孰謂微生高直? 或乞醯焉, 乞諸其鄰而與之."

■ 관련: 1.15 如切如磋, 如琢如磨,

:: **해석**

공자께서 말씀하시길, "누가 미생고가 곧바르다고(直) 하는가? 어떤 사람이 식초를 얻으러 오자, 식초를 이웃집에서 얻어 그에게 주었다."

:: **해설**

미생고는 성이 미생(微生), 이름이 고(高)이다. 이 역시 중의적 표현으로 여길 수 있다. 성과 이름이 상반된다. 자질구레한, 적다는 의미의 성(微生)과 높다는 의미의 이름(高)이다. 미생고의 일화는 상반된 해석이 가능함을 암시하기도 한다.

미생고의 언어와 행동은 관계를 이해하고, 논하는데 유용한 토론 소재이다. 논어에서는 어떤 것이 정답이다. 정리하여 답을 제시하고 있지는 않다. 토론의 여지를 남겨 놓았을 뿐이다. 이런 방식이 단순 주입식 형태의 교육이 아니라, 묻고, 답하며, 스스로 생각하도록 이끄는 방식이다. 삶의 지혜를 스스로 체득해가는 방식이다.

약간의 설명을 붙이자면, 직(直)이라는 글자는 정직으로 해석할 수도 있지만, 직접적인 방식, 즉 간접적 방식의 상반되는 형태로 이해할 수도 있다.

우리 집에 식초가 없는 경우, 직접적으로 "없다"라고 하는 것은 관계의 끝을 맺는 일이다. 잘 아는 이웃집을 통해서라도 빌려주는 것은 관계의 끈을 놓지 않고 나누려는 마음이 있을 수 있다. 이웃집의 식초를 활용하여 빌려주는 얕은수를 쓰는 사람도 있을 수도 있다.

빌려서 주는 과정에서도, 옆집의 식초였음을 알려주고, 옆집에 고마움을 표시하도록 할 수 있는 반면, 옆집과의 관계는 나만 해당하며, 그 식초는 내가 빌려주는 형태로 건넬 수도 있다.

언어와 행동의 관점에서 관계를 구체화하면, 다양한 경우의 수가 발생한다. 어떤 방식이 더 올바른 것인지, 더 좋은 것인지는 때에 따라 다르다.

시간과 공간, 문화에 따라 다양한 모습을 그려낼 수 있고, 그런 상황에 따라 다양한 관점에서 갑론을박을 펼칠 수 있는 소재이다.

꼭 A=B이어야 하는 형태로 규정을 짓고, 의미를 전달하는 것이 좋은 학습 방법은 아니다. A와 B의 관계에서 엮어지는 수많은 함수와 조건식을 만들어 내고, 이를 통해 A와 B 사이의 관계의 다양성을 이해하고, 그런 다양한 경우의 도출을 통해 미래에 일어날 수 있는 많은 문제를 해결하는 방법론이 만들어질 수 있다.

논어가 제시하고 있는 방법론이다.

5.24

子曰: "巧言令色足恭, 左丘明恥之, 丘亦恥之. 匿怨而友其人, 左丘明恥之, 丘亦恥之."

■ 관련: 1.15 如切如磋, 如琢如磨,

:: **해석**

공자께서 말씀하시길, "그럴듯한 말과 꾸민 모습과 얼굴이 공손함을 충족시킨다고 생각하는 것은, 좌구명이 그것을 부끄럽게 여겼으며, 나도 그것을 부끄럽게 여긴다. 원한을 감추고 그 사람을 친하게 대하는 것은, 좌구명이 부끄럽게 여기는 일이고, 나도 부끄럽게 여긴다."

:: **해설**

인간관계에서 눈에 보이는 공손함, 친절 등에 혹하지 않아야 한다. 이를 빙자한 교만이나, 사심이 있는 행동은 부끄러워해야 할 일이고, 경계할 사항이다.

5.23구절의 상황을 되돌아보자, 걸인에게 식초를 줄 때, 내가 식

초가 없다는 사실에 대해 구체화, 명확히 되어야 하며, 그 식초가 이웃에서 빌려온 것이라는 점도 분명히 해야, 사심이 없는 모습이라 할 것이다.

현실적으로 인간은 로봇 같은 존재가 아니라, 관계 형성에 직접적인 방식 이외에도, 다양한 간접적인 방식이 존재할 수 있다. 간접적인 방식은 좋지 않다는 뜻은 아니다. 교언영색을 피하라는 교훈이다.

5.25

顔淵·季路侍. 子曰: "盍各言爾志?" 子路曰: "願車馬衣輕裘, 與朋友共, 敝之而無憾." 顔淵曰: "願無伐善, 無施勞." 子路曰: "願聞子之志." 子曰: "老者安之, 朋友信之, 少者懷之."

■ 관련: 1.15 如切如磋, 如琢如磨,

:: **해석**

안연과 계로가 공자를 모시고 있을 때, 공자께서 말씀하시길, "각자의 생각을 말해보지 않겠느냐?" 하셨다.

자로가 말하길, "수레와 옷을 친구들과 함께 사용하다 그것이 다 떨어지고, 망가져도 섭섭함이 없기를 원합니다",

안연이 말하길, "잘난 점을 자랑하는 일이 없고, 노력을 과시하는 일이 없기를 원합니다".

자로가 "선생님의 생각을 듣고 싶습니다"라고 하자. 공자께서 말씀하시길, "노인을 편안히 살게 하고, 벗에게 믿음을 주고, 젊은이들이 생각을 품게 하겠다."

5.26

子曰: "已矣乎! 吾未見能見其過而內自訟者也."

■ 관련: 1.15 如切如磋, 如琢如磨,
1.16 不患人之不己知, 患不知人也

:: **해석**

공자께서 말씀하시길, "끝이구나! 자기 잘못을 발견하고, 자신의 마음속에서 올바로 꾸짖는 사람을 보지 못했다."

:: **해설**

결국, 이런 노나라는 멸망의 길에 이르게 된다.

5.27

子曰: "十室之邑, 必有忠信如丘者焉, 不如丘之好學也."

■ 관련: 1.15 如切如磋, 如琢如磨
1.16 不患人之不己知, 患不知人也

:: **해석**

공자께서 말씀하시길, "열 가구 정도의 마을이면, 반드시 충성과 신의에 있어서 나(공자)만 한 사람이 있을 것이나, 내가 학문(學)을 좋아하는 것만은 못할 것이다."

:: **해설**

5.26구절에서 의미심장한 말로 마무리하였으나, 5.27에서 한마디 덧붙이고 있다. 말로는 얼마든지 충과 신을 떠들 수 있다.

그러나, 이런 교훈을 전달하는 사람이 있고, 그것을 배워서 이어가는 사람이 있어야, 후일 나라가 다시 올바르게 일어설 수 있다. 학문에 대한 강조로 마무리하고 있다.

6편

옹야雍也

|29구절|

제6편은 다스림(政)에 관한 이야기이다. 주로 제자들과 다스림의 관점에서 교훈을 제시하고 있다. 제5편의 끝 부분에서 노나라의 국운이 기울고, 어지러운 모습이 드러나는 구절이 계속되는 것과 대조적으로 제6편은 구절들은 공자 제자들에 대한 칭찬으로 지속 이어진다. 마치, 공자 문하의 제자들 속에는 인재가 많았음에도 불구하고, 국가에서 제대로 등용하지 못하고, 활용하지 못하였음을 안타까워하는 모양새이다.

6.1

子曰: "雍也, 可使南面." 仲弓問子桑伯子.
子曰: "可也簡." 仲弓曰: "居敬而行簡, 以臨其民, 不亦可乎? 居簡而行簡, 無乃太簡乎?"
子曰: "雍之言然."

■ 관련: 2.1 爲政以德, 譬如北辰, 居其所, 而衆星共之

:: 해석

공자께서 말씀하시길, "옹(중궁)은 그로 하여금 한 나라를 다스리게 하는 것이 가능하다." 중궁이 자상백자에 관해 여쭤보자. 공자께서 말씀하시길, "가히 대범하다". 중궁이 말하길, "평상시에는 경건하고 일할 때는 대범하며, 그러한 태도로써 서민들에게 임한다면, 이 또한 좋지 않겠습니까? 그러나 평상시에도 대범하고 일할 때도 대범하다면, 그것은 너무 대범한 것이 아니겠습니까?" 하자. 공자께서 말씀하시길, "옹의 말이 옳다."

:: 해설

옹을 한 나라를 다스릴 위인이라 칭하였다. 옹은 덕을 갖추었기 때문에, '가히 임금감이다'라고 하였다. 그리고, 그 속성을 한 글자로 표현하였다. 간(簡)이라는 글자이다.

간은 여러 가지 의미를 지닌다. 대쪽같이 간결하고, 간략하다는 의미와 대범하다는 의미를 지니기도 하지만, 홀로 존재하고 있는 것을 의미하기도 한다. 즉 북극성과 같은 존재이다. 다른 별들은 무리를 지어 별자리를 이루지만, 북극성은 북쪽에 홀로 존재한다. 무수한 별들은 북극성을 경(敬)건하게 바라보며, 그 주위를 돌고 있다.

덕(德)의 속성은 국민에게 인위적으로 호혜를 베푸는 것에 있지 않다. 자신의 치적을 쌓기 위해 갖은 사업을 벌이고, 그것을 알리며 과장하는 일도 아니다. 정치와 제도를 간소하게 만들고 대범하게 행하는 것을 의미한다.

그렇게 행하면, 모든 국민이 공경과 예를 다해 임금을 바라볼 것이다. 마치 별들이 북극성을 바라보는 것처럼!

참고

남면(南面), 남면이란 임금이 듣고 다스리는 자리를 의미한다. 왕의 자리는 궁실 정북쪽의 청사에서 남쪽을 바라보도록 설계되어 있다. 반대로 신하는 임금을 뵐 때, 당 아래의 뜰에서 북쪽을 바라보게 되어 있다.

마치 북극성이 위치한 것과 유사하다. 신하는 임금을 바라볼 때 정북쪽을 바라보게 하고, 일할 때는 그 주위를 맴도는 모양새이다.

6.2

哀公問："弟子孰爲好學?" 孔子對曰："有顔回者好學, 不遷怒, 不貳過, 不幸短命死矣. 今也則亡, 未聞好學者也."

■ 관련: 2.1 爲政以德

:: **해석**

애공이 묻기를, "제자 중에 누가 학문을 가장 좋아합니까?" 하자. 공자께서 대답하여 말씀하시길, "안회라는 사람이 학문을 좋아했습니다. 그는 화가 나도 다른 사람에게 화풀이하지 않고, 동일한 과오를 되풀이하지 않았는데, 불행히 명이 짧아서 죽었습니다. 지금은 없으니, 학문을 좋아하는 사람이 있다는 말을 듣지 못했습니다."

참고

안회는 공자가 죽기 몇 년 전에 죽었다. 나이 41세였으며, 노나라 애공 14년경이다. 공자는 안회를 많이 아꼈다. 인(仁)의 본질에 충실하고, 학문을 좋아하였기 때문이다.

6.3

子華使於齊, 冉子爲其母請粟. 子曰: "與之釜." 請益. 曰: "與之庾." 冉子與之粟五秉. 子曰: "赤之適齊也, 乘肥馬, 衣輕裘. 吾聞之也, '君子周急, 不繼富.'"

■ 관련: 2.1 爲政以德

:: **해석**

자화가 제나라에 사신으로 가게 되었을 때, 염자가 남아 있는 자화의 모친을 위하여 공자에게 곡식을 요청하자. 공자께서 "(그녀에게) 1부(약 50kg)를 주어라" 하셨다. 추가로 더 줄 것을 요청하자. 공자께서 "1유(약 150kg)를 주어라" 하셨다. 염자가 그녀에게 곡식 5병(약 640kg)을 주었다. 그러자 공자께서 말씀하시길, "적(자화)은 제나라에 갈 때 살진 말을 타고, 가벼운 모피 옷을 입은 (부유한 사람의) 차림이었다. 내가 듣기에, 군자는 다급한 사람을 구제하지, 부유한 사람에게 보태 주지 않는다."

6.4

原思爲之宰, 與之粟九百, 辭. 子曰: "毋, 以與爾鄰里鄕黨乎!"

■ 관련: 2.1 爲政以德

:: 해석

원사가 공자의 가재(집사)가 되었을 때, 그에게 곡식 9백 말을 주셨는데, 사양했다. 공자께서 말씀하시길, "그러지 말아라! 이것을 너의 이웃과 같은 마을 사람들과 함께 나누어라!"

:: 해설

집사로서 일정의 녹(봉급)이 있다. 공자가 원사에게 주는 것은 당시 수준의 일한 대가이니, 당연히 받아야 하는 것이다. 공자라고 공짜로 사람을 부리는 것은 온당치 않다. 그 녹이 여유가 있다면, 이웃과 나누라는(德) 교훈이다.

6.5

子謂仲弓, 曰: "犂牛之子, 騂且角, 雖欲勿用, 山川其舍諸?"

■ 관련: 2.1 爲政以德, 譬如北辰, 居其所, 而衆星共之

:: **해석**

공자께서 중궁에 대하여 말씀하시길, "밭 가는 소의 새끼가 털빛도 붉고 뿔도 나 있다면, 비록 쓰지 않으려고 한들, 산천이 어찌 그것을 그냥 버리겠느냐?"

:: **해설**

중궁(雍)은 출신이 미천했다. 그래서 밭 가는 소의 출신이라 비유한 것이다. 주나라 시대에는 붉은색을 고귀한 것으로 여겼다. 붉고 뿔이 나 있다는 것은 예사로움이 아니다. 그래서, 비록 사람들이 알아주지 않더라도, 산천초목(세상)은 그를 버리지 않고, 언젠가는 알아줄 것이다.

6.6

子曰: "回也, 其心三月不違仁, 其餘日月至焉而已矣."

■ 관련: 2.2 詩三百, 一言以蔽之, 曰思無邪

:: **해석**

공자께서 말씀하시길, "(안)회는 그 마음이 석 달 동안 인(仁)에 어긋나지 않으며, 그 나머지 낮과 밤에도 인(仁)에 (마음이) 미칠 따름이다."

:: **해설**

다시 풀어서 쓰자면, 학(學)을 좋아하는 안회는, 밤과 낮을 가리지 않고, 시(詩)를 통해 마음을 정화하고, 사악함을 멀리하니, 항상 마음이 인(仁)하다. 시(詩) 3백 편과 3달은 3이라는 숫자로 대구를 이루는 시적인 표현으로 볼 수 있다.

'365일 항상 인(仁)하다' 하기는 인간이기 때문에 어렵다. 그래서, 나머지 낮과 밤은 인(仁)에 가까운 생활을 한다고 설명하였다.

6.7

季康子問：“仲由可使從政也與?” 子曰：“由也果, 於從政乎何有?”
曰：“賜也可使從政也與?” 曰：“賜也達, 於從政乎何有?”
曰：“求也可使從政也與?” 曰：“求也藝, 於從政乎何有?”

■ 관련: 2.3 道之以政, 齊之以刑

:: 해석

계강자가 공자에게 묻기를, “중유(자로)는 정치에 종사하게 해도 되겠습니까?” 공자께서 말씀하시길, “유는 과단성이 있으니, 정치에 종사하는 데 무슨 문제가 있겠습니까?” 했다.

계강자가 “사(자공)는 정치에 종사하게 해도 되겠습니까?” 공자께서 “사는 사리에 통달하니, 정치에 종사하는 데 무슨 문제가 있겠습니까?” 했다.

계강자가 “구(염구)는 정치에 종사하게 해도 되겠습니까?” 하니 공자께서 “구는 재주가 많으니, 정치에 종사하는 데 무슨 문제가 있겠습니까?” 했다.

:: 해설

5.26구절에서, 노나라의 암울한 분위기를 뒤로하고, 5.27은 후학 양성의 의미를 설명했다. 그리고 6.1-7까지, 공자의 제자에 대한 설

명이 계속되고 있다.

예리한 사람은 왜 이렇게, 공자의 제자에 대해 칭찬을 계속하는지 이미 알 것이다. 많은 인재가 양성되어 있음에도 불구하고, 올바름(道)이 멀어진 국가, 탐관오리가 지배하는 노나라에서 적절히 활용되지 못했음을 의미한다.

인재를 구하고, 물어보면 무슨 의미가 있는가! 이익과 욕심에 눈이 어두워 인재를 알아보고, 채택하며, 활용할 줄 모른다면!

6.8

季氏使閔子騫爲費宰. 閔子騫曰:" 善爲我辭焉. 如有復我者, 則吾必在汶上矣."

■ 관련: 2.3 道之以政, 齊之以刑, 民免而無恥. 道之以德, 齊之以禮, 有恥且格

:: **해석**

계씨가 민자건을 비읍(費邑)의 관리자(宰)로 시키려고 하자. 민자건이 (계씨의 사람에게) 말하길, "나를 위하여 잘 사양을 부탁합니다. 만약 나에게 다시 오는 사람이 있다면, 나는 틀림없이 문수의 북쪽으로 달아나 있을 것입니다."

:: **해설**

6.7구절에 이어져 내용이 전개된다. 결국 계씨는 국가를 올바로 다스리는 것에는 관심이 없다. 즉, 공자의 쟁쟁한 제자 들에는 관

심이 없다. 다만, 자신의 이익을 위해 세금을 많이 걷을 수 있는, 비읍(費邑)의 관리자를 공자의 제자 중에서 기용하려 한다.

민자건은 계씨의 사람이 되어 서민들의 삶을 어렵게 하고, 계씨의 이익만 늘리는 일에 활용되는 것보다, 차라리 문수 북쪽(국경 밖)으로 달아나 버리겠다고 선언한 것이다. 참으로 공자의 제자다운 언행이다.

참고

비읍(費邑): 세금을 많이 다루는, 부유한 지방이란 의미로 중의적 표현에 해당한다.

6.9

伯牛有疾, 子問之, 自牖執其手, 曰: "亡之, 命矣夫! 斯人也而有斯疾也! 斯人也而有斯疾也!"

■ 관련: 2.6 父母唯其疾之憂

:: **해석**

백우가 병이 나자. 공자께서 문병하러 가셔서, 창문에서 그의 손을 잡고 말씀하시길, "이 사람을 잃는 것은, 운명이로다! 이 사람이 이런 병에 걸리다니! 이 사람이 이런 병에 걸리다니!"

:: **해설**

염백우는 공자의 10대 제자 중 한 명으로, 공자보다 29세 아래이다. 공자는 제자들을 인재로 양성하는 스승의 역할도 하였지만, 제자들을 같이 학문을 하는 동지(朋友)로 여기기도 한다. 여기서는 제자를 자식과 같이 여기는 공자의 마음(仁)이 드러나 있다.

6.10

子曰: "賢哉, 回也! 一簞食, 一瓢飮, 在陋巷, 人不堪其憂, 回也不改其樂.賢哉, 回也!"

■ 관련: 2.4 吾十有五而志于學, 三十而立, 四十而不惑

:: **해석**

공자께서 말씀하시길, "현자로다, 안회는! 한 그릇의 밥과 한 바가지의 물로, 가난한 마을에 살면서, 다른 사람들은 그 근심을 견디지 못하는데, 안회는 그렇게 살면서도 자신의 즐거움을 바꾸려 하지 않으니, 현자로다, 안회!"

:: **해설**

공자께서는 안회의 학문을 좋아하고(志于學而立), 가난한 환경에 흔들리지 않는 삶(不惑)의 모습을 칭찬하여 그것을 교훈으로 전달하고 있다.

특히 학문을 좋아하며, 그런 삶을 추구하는 것을 넘어 즐기고

(樂) 있다고 표현한 것에 주목해 볼 필요가 있다. 락(樂)이라는 글자는 '즐겁다'라는 의미를 넘어, 현대의 행복(Happy)을 의미한다.

이런 삶에서 행복을 찾고, 인생을 행복하게 살았으니, 과연, 군자(君子)라 할 수 있다. (1.1구절 참조)

6.11

冉求曰: "非不說子之道, 力不足也." 子曰: "力不足者, 中道而廢. 今女畫."

■ 관련: 2.4 吾十有五而志于學, 三十而立, 四十而不惑, 五十而知天命, 六十而耳順, 七十而從心所欲, 不踰矩

:: **해석**

염구가 말하길, "스승님의 이끌어 주심을 따르지 못하는 것이 아니라, 힘이 부족합니다" 하자. 공자께서 말씀하시길, "힘이 부족한 사람은, 할 수 있는 데까지 해보다가 중도에 그만두는데, 지금 너는 아예 못 한다고 선을 긋고 있다."

6.12

子謂子夏曰: "女爲君子儒, 無爲小人儒."

■ 관련: 2.4 吾十有五而志于學, 三十而立, 四十而不惑, 五十而知天命, 六十而耳順, 七十而從心所欲, 不踰矩

:: **해석**

공자께서 자하에게 말씀하시길, "너는 군자다운 선비가 되고, 소인 같은 선비가 되지 말아라."

6.13

子游爲武城宰. 子曰: "女得人焉耳乎?" 曰: "有澹臺滅明者, 行不由徑, 非公事, 未嘗至於偃之室也."

■ 관련: 2.10 視其所以, 觀其所由, 察其所安, 人焉廋哉? 人焉廋哉?

:: **해석**

자유가 무성읍의 관리자가 되었다. 공자께서 말씀하시길, "너는 괜찮은 사람을 얻었느냐?" 물으셨다. 자유가 말하길, "담대멸명이라는 사람이 있는데, 길을 갈 때 사잇길로 다니지 않고, 공적인 일이 아니면, 저의 집에 온 적이 없습니다."

6.14

子曰: "孟之反不伐. 奔而殿, 將入門, 策其馬, 曰, '非敢後也, 馬不進也.'"

■ 관련: 2.10 視其所以, 觀其所由, 察其所安, 人焉廋哉? 人焉廋哉?

:: **해석**

공자께서 말씀하시길, "맹지반은 자랑하지 않는다. 전쟁에 패배하여 후퇴하면서, 위험을 무릅쓰고 행렬의 맨 뒤에서 행렬을 보호하고, 행군을 독려하다가 막 성문에 들어서려고 할 때, 말하기를, '내가 감히 뒤처지려 한 것이 아니라, 말이 나아가지 않았기 때문이다' 했다."

6.15

子曰: "不有祝鮀之佞, 而有宋朝之美, 難乎免於今之世矣."

■ 관련: 2.10 視其所以, 觀其所由, 察其所安, 人焉廋哉? 人焉廋哉?

:: **해석**

공자께서 말씀하시길, "축타 같은 말재주가 없고, 송조처럼 아름다운 외모만 있다면, 오늘날 같은 난세에서는 (화를) 피하기 어렵다."

6.16

子曰: "誰能出不由戶? 何莫由斯道也?"

■ 관련: 2.11 溫故而知新

:: **해석**

공자께서 말씀하시길, "누가 밖으로 나갈 때 방문을 지나가지 않을 수 있겠는가? 그런데, 어찌하여 아무도 이 길(道)을 가지 않는 것인가?"

6.17

子曰: "質勝文則野, 文勝質則史. 文·質彬彬, 然後君."

■ 관련: 2.12 君子不器

:: **해석**

공자께서 말씀하시길, "내용이 겉모양보다 좋으면 투박하고, 겉모양이 내용보다 좋으면 화려하다. 겉모양과 실질적인 내용이 적절히 조화되어야, 비로소 군자이다."

6.18

子曰: "人之生也直, 罔之生也, 幸而免."

■ 관련: 2.13 先行其言, 而後從之

:: 해석

공자께서 말씀하시길, "사람이 살아가는 삶은 곧 바르다. 그것이 잃고 살아가는 것은, 요행히 면한 것이다."

:: 해설

행(幸)이라는 글자는 다행, 요행, 행복에 쓰이는 글자이다. 그 내재된 의미를 살펴보면, A만큼 노력했으면 A의 기대만큼 결과가 나와야 하는데, A+B만큼의 결과가 더해졌을 때, 다행이라고 한다. 그리고 기뻐한다.

행복을 기대하는 심리에 다분히 비합리적인 요소가 포함되어 있다. 그래서, 과거의 언어에서는 행복이라는 의미보다, 다행, 요행을 의미한다. 행복을 의미하는 글자는 오히려 락(樂)에 해당한다.

여기서도 요행의 의미로 사용되고 있다. 삶은 본래 정직(直)한 것이다. A만큼의 노력에는 A만큼 결과를 준다. 그러나, 복잡한 관계 속에서 살다 보면, 적은 일을 하고 많이 얻기도 하며, 많은 일을 하고도, 결과가 좋지 않을 때도 있다. 단순히 직접적으로 결과가 이어지지 않는다.

그러나 마음속에 정직한 결과에 대한 기대를 버리고, 요행을 바란다면, 그만큼 정직한 노력의 의지를 잃고 살게 된다. 결국, 요행의 결과가 쌓이다 보면, 내 삶을 정직하게 살 수 있는 기회를 잃게 된다. 그래서 다행인 것 같지만, (정직성을) 제외(免)하게 된다고 표현한 것이다.

즉, 요행을 바라는 삶은 스스로에게 득이 되지 않으며, 행복과는 더욱 거리가 멀어지게 된다.

6.19

子曰: "知之者不如好之者, 好之者不如樂之者."

■ 관련: 2.13 先行其言, 而後從之,
1.4 日三省吾身

:: **해석**

공자께서 말씀하시길, "많이 아는 사람은 그것을 좋아하는 사람만 못하고, 좋아하는 사람은 그것을 즐기는 사람만 못하다."

6.20

子曰: "中人以上, 可以語上也. 中人以下, 不可以語上也."

■ 관련: 1.4 日三省吾身, 傳不習乎

:: **해석**

공자께서 말씀하시길, "보통 이상의 사람에게는, 수준 높은 이야기를 해주어도 좋다. 보통 수준 이하인 사람에게는, 수준 높은 이야기는 의미가 없다."

6.21

樊遲問知. 子曰: "務民之義, 敬鬼神而遠之, 可謂知矣." 問仁. 曰: "仁者先難而後獲, 可謂仁矣."

■ 관련: 1.6 謹而信, 汎愛衆, 而親仁
2.13 先行其言, 而後從之

:: **해석**

번지가 지혜로움에 관하여 여쭤보자. 공자께서 말씀하시길, "서민들의 의로움에 힘쓰고 귀신같이 신비한 일을 공경하되, 그것을 멀리한다면 지혜롭다고 할 수 있다" 어질음(仁)에 관하여 여쭤보자. 말씀하시길, "인(仁)이란 어려운 일을 먼저 하고, 결실을 수확하는 일은 뒤로한다. 이렇게 하면 가히 어질다고 할 수 있다" 하셨다.

6.22

子曰: "知者樂水, 仁者樂山. 知者動, 仁者靜. 知者樂, 仁者壽."

■ 관련: 1.4 日三省吾身

:: **해석**

공자께서 말씀하시길, "지혜로운 사람은 물을 좋아하고, 어진 사람은 산을 좋아하며, 지혜로운 사람은 동적이고, 어진 사람은 정적이며, 지혜로운 사람은 인생을 즐겁게 살고, 어진(仁) 사람은 인생을 길게 산다."

6.23

子曰: "齊一變, 至於魯, 魯一變, 至於道."

■ 관련: 1.5 道 千乘之國

:: **해석**

공자께서 말씀하시길, "제나라는 한번 변하면 노나라와 같은 나라가 되고, 노나라는 한번 변하면 올바른(道) 나라가 된다."

:: **해설**

제나라는 실용과 개혁의 부흥을 따랐고, 노나라는 예(禮)와 전통(주나라)을 따랐다. 부흥보다 질서와 전통을 중시하고, 그에 따라 올바름을 추구해야 함을 강조하고 있다.

6.24

子曰: "觚不觚, 觚哉! 觚哉!"

■ 관련: 1.7 賢賢
2.14 君子不器

:: **해석**

공자께서 말씀하시길, "고가 고답지 않으니, 고이랴! 고이랴!"

:: **해설**

모난 술잔이 모나지 않았으면, 그것을 모난 술잔이라 할 수 있는가? 할 수 있는가?

참고

고(觚): 네 개의 모서리가 있는 제례용 술잔

6.25

宰我問曰: "仁者, 雖告之曰, '井有仁焉.' 其從之也?" 子曰: "何爲其然也? 君子可逝也, 不可陷也, 可欺也, 不可罔也."

■ 관련: 1.7 君子不重則不威, 學則不固
2.17 學而不思則罔, 思而不學則殆

:: **해석**

재아가 묻기를, "어진(仁) 사람은 비록 어떤 사람이 그에게 '우물 속에 인(仁)이 있다'고 해도 그 인(仁)을 찾아 우물 속으로 들어갑니까?" 하자. 공자께서 말씀하시길, "무엇 때문에 그렇게 하겠느냐? 군자를 우물까지 가게 할 수는 있어도, 우물에 빠지게 할 수는 없으니, 그를 속일 수는 있어도, 어리석게 할 수는 없다."

6.26

子曰: "君子博學於文, 約之以禮, 亦可以弗畔矣夫!"

■ 관련: 1.4 三省吾身
2.16 攻乎異端, 斯害也已

:: **해석**

공자께서 말씀하시길, "군자가 널리 문물제도를 배우고, 예로써 자기 행동을 절제한다면, 역시 정도에서 벗어나는 일이 없을 것이다!"

6.27

子見南子, 子路不說. 夫子矢之曰: "予所否者, 天厭之! 天厭之!"

■ 관련: 1.4 三省吾身

:: **해석**

공자가 남자(南子)를 만나자 자로가 좋아하지 않았다. 이에 공자가 맹세하여 말씀하시길, "내가 만약 떳떳하지 못하다면, 하늘이 나를 싫어할 것이다. 하늘이 나를 싫어할 것이다!"

참고

남자(南子): 위나라 영공의 부인으로 음란하기로 악명 높은 여자

6.28

子曰: "中庸之爲德也. 其至矣乎, 民鮮久矣."

■ 관련: 1.4 節用而愛人, 使民以時

:: **해석**

공자께서 말씀하시길, "중용의 목적은 덕(德)이다. 그것에 도달하면, 서민들이 오랫동안 잘 살게 된다."

:: **해설**

정치를 하는 목적, 정치에서 한쪽으로만 기울이지 않고, 대화와 타협을 통해 양보를 이루어 중용의 길을 이루는 이유는 널리 이롭게 함이다. 즉, 덕(德)이다.

한쪽이 힘을 얻고, 그에 따라 한쪽으로 기울어진 상태에서 정치를 하다 보면, 서민들은 한쪽으로 치우친 상황으로 내몰리게 된다. 시도 때도 없이 부역에 동원하고, 세금을 과다 징수하며, 전쟁을 일으키고, 특정 편의 이익을 위해 서민들이 활용된다.

그런 춘추전국시대의 서민들은 두려움과 공포에 떨었고, 그 삶은 어려움이 극에 달했다. 그래서 서민들의 얼굴색(色)이 누렇게 뜬 모습이다. 얼굴이 선(鮮)하지 않은 모습은 희망과 의욕, 건강을 잃어버린 상태이다. 마치 썩어가는 생선같이 힘든 모습이다.

6.29

子貢曰: "如有博施於民而能濟衆, 何如? 可謂仁乎?" 子曰: "何事於仁? 必也聖乎! 堯·舜其猶病諸. 夫仁者, 己欲立而立人, 己欲達而達人. 能近取譬, 可謂仁之方也已."

■ 관련: 1.6 汎愛衆而親仁

:: **해석**

자공이 말하길, "널리 서민들에게 은혜를 베풀고, 민중을 어려움으로

부터 구제할 수 있다면, 어떻습니까? 어질다(仁)고 할 수 있겠습니까?" 하자.

공자께서 말씀하시길, "어찌 어질다(仁) 뿐이겠느냐? 그것은 틀림없이, 성스러운 일이다. 요임금과 순임금도 오히려 그렇게 하기는 힘들어했다. 어진(仁) 사람은, 자신이 서고 싶은 자리가 있으면 다른 사람을 그 자리에 세우고, 자신이 이루고 싶은 것처럼 다른 사람이 이루도록 한다. 가까운 곳에서 그와 유사한 일은 얼마든지 찾을 수 있으며, 그것이 바로 인(仁)에 이르는 방법이라고 할 수 있다."

7편

술이述而

| 39구절 |

제7편의 주제는 공손함(弟)과 학(學)이다. 공자 자신도 이복형이 있었으니, 아우(弟)에 해당한다. 제(弟)라는 글자는 공경, 공손함을 의미하기도 하며, 아우라는 의미로도 쓰인다. 순서상으로 나중에 오는 것이다. 이런 다중적 의미를 포함하여, 7장은 공자의 학문적 태도, 공손함, 예(禮) 등에 대해 설명하고 있다.

7.1

子曰: "述而不作, 信而好古, 竊比於我老彭."

■ 관련: 1.6 弟, 學

:: **해석**

공자께서 말씀하시길, "서술하고 만들어 내지는 않으며, 믿음을 갖고 옛 것을 좋아한다. 이러한 나 자신을 마음속으로 노팽에게 비교해 본다."

:: **해설**

제7편의 큰 주제가 7.1구절에 소개되어 있다. 학(學)에 대한 것과 제(弟)에 대한 주제이다. 1.1구절에서 공자의 인생관, 즉, '어떻게 삶의 사는가? 에서, 학(學)습을 통해 사는 삶을 이야기했다. 제(弟)의 의미를 살펴보면 다음과 같다.

우선 글자의 뜻을 이해하자면, 순서, 차례를 의미하며, 나이 어린 사람을 지칭한다. 이에 따라 공경, 공손함을 의미한다. 학문의 자세는 자신이 아직 배울 것이 있다는 사실, 즉, 공손한 자세에서 출발한다. 배울 것이 있다는 것을 인식하지 못하기 때문에, 아는 것 같이 행동하고, 타인을 무시하며, 얕잡아 보거나, 오해한다.

공자 자신 또한, 이복형이 존재하였기 때문에 아우(弟)이다. 공자의 사상은 질서인 예(禮)를 중시한다. 자신이 형을 넘어서려 한다면, 질서가 뒤바뀌는 형상이다. 그래서, 하늘의 뜻에 따라 지정된 질서를 넘어서지 않고, 순리를 지켜 평생을 살았으며, 이를 사상에 적용하였다. 그래서, 공자의 언어(서술, 학문)와 공자의 삶이 일관성을 가진다.

우리 시대의 성직자라 하더라도, 말과 행동이 다른 사람이 얼마나 많은가? 말과 행동의 일관성을 가진 사람을 성인(聖人)이라 부르는 이유는 그만큼 쉽지 않은 일이기 때문이다. 제8편 태백(泰伯)은 이 관점에서 보면 형(兄)을 의미한다. 형(兄)보다 아우(弟)가 먼저 설명되고 있어서, 순서가 뒤바뀌어 있다고 생각하면 곤란하다. 겸양의 차원에서 아랫사람을 먼저 이야기한다고 받아들이는 것이 합리적이다.

첫 문장, 술이부작(述而不作)에는 학문적 겸손함(弟)이 실려 있다. 제(弟)를 가족의 범위를 벗어나, 사회와 국가에 적용하면, 왕과 신하와의 관계로 확장된다. 2,500년 전에는 어떤 것을 창조할 수 있는 것은 신(神)의 영역이다. 그리고, 신(神)의 권한을 물려받은 오직 왕이 수행할 수 있는 일이다.

그래서 만들고, 제작하는 것은 왕의 이름으로 거행된다. 비록 신하가 설계하고 지시하였으며, 실제로 일을 한 사람은 다르더라도, 창제자는 오직 왕이다. 이 관습을 넘어서는 일은 수백 년 후, 종이가 발명되어 많은 사람이 쉽게 종이에 글을 쓸 수 있는 시대가 도래한 이후의 일이다.

그래서 서술, 전파, 설명 등의 다양한 학문적 활동은 가능하지만, 작(作), 창제는 하지 않는다고 표현하였다. 당시로 돌아가 이 글을 읽는다면 지극히 당연한 이야기를 하는 것이다.

하지만, 이 문장 하나의 사상적 영향력은 실로 대단했다. 2500년간 동북아 사람들의 마음속에는 이를 기초로 한 '질서와 역할의 관계'에 대한 인식이 깊이 자리하게 된다.

어떤 것을 만들고, 제작하면 왕의 이름으로 공표하는 문화가 이어지고 이어져, 현대에서도 이런 문화가 깊이 자리하고 있다. 실제 아이디어를 도출하고, 설계하고, 일하는 사람과 그 결과에 대한 권리를 찾아가는 사람이 쉽게 분리된다.

특히, 조직 내에서 일이 이루어진다면, 그 조직의 관리자, 최고 관리자가 자신의 이름을 맨 앞에 올리는 일을 쉽게 찾아볼 수 있다. 대학에서도 그 논문의 가치가 높아질수록, 실제 연구를 한 사람보다, 지도 교수의 이름이 더 높은 위치를 차지하기 쉽다. 제(弟)자는 이에 대해 당연한 것으로 받아들인다.

문화적으로 관습적으로 깊이 자리하고 있으므로, 이에 대한 이의를 제기하는 것은 질서와 예, 문화와 관습을 모두 무시하는 처사가 된다. 인간관계를 무시할 수 있을 만큼의 상황이 아니라면, 불가능한 일이다.

이에 대해 우선 부정적인 측면을 바라보았지만, 긍정적인 측면 또한 찾을 수 있다. 조직의 질서가 명확하고, 역할이 확실하기 때문에 커다란 조직도 하나인 것처럼 움직일 수 있다. 서양의 눈높이에서는 이해하기 어려운 동양의 신비로운 힘에 해당하는 일이다.

우리나라가, 그리고 최근 중국이 서양에서 수백 년간 발전을 이룬 경제 성장을 수십 년 이내에 이루어 내고 있다. 그런 일의 원동력이 여기에 숨겨져 있다. 국가라는 커다란 조직도 하나의 정당한 목표가 세워지면, 그 뜻에 따라 어마어마한 조직력이 발휘된다.

물론, 그 과정에서 하나의 개개인은 큰 조직의 한 부분으로 인식될 뿐이다. 개인에 대한 자유와 권리는, 제(弟)라는 글자가 주는 사상적 의미 하나로 우선순위가 저 아래로 내려간다. 그리고 그것을 자연스럽게 받아들인다.

공손함(弟)이 주는 힘은 개인의 자유와 권리보다, 주위 형제를 인식하고, 어려운 상황이라도 그것을 감내하도록 이끌어준다. 그런 관계의 틀을 사회로 확장하고, 국가로 확장하는 것이 자연스럽게 이루어진다. 2500년간 공자 사상의 틀이 우리 사회를 보이지 않는 끈으로 단단히 묶어 준 힘이다.

이제는 그 사상이 주는 의미를 정확히 인식하여, 그 힘을 국가와 개인 모두에게 덕을 주는 방향으로 올바르게 활용하여야 한다. 이것이 우리 시대에 생각과 사상을 이끄는 사람의 몫이다.

두 번째 문장, 신이호고(信而好古)는 믿음을 갖고, 옛것을 좋아한다는 의미로, 여기에도 질서에 대한 인식 깃들여 있다. 옛것에 대한 믿음이 사라지고, 부정적 시각을 갖게 되면 시간의 순서에 따른 질서 체계가 무너진다. 그렇게 되면, 뒤죽박죽 혼재된 모습을 이루게 된다. 즉, 혼란 속에서의 삶이 이루어진다.

즉, 사회적 시계와 개인적 시계가 다르게 작동하는 일이다. 또 다른 표현으로는 사회 전체 질서의 틀보다, 개인의 멋이 더 추구되는 삶이다.

우리는 너무 빠른 발전을 이루다 보니, 물질적 측면에서 혼란의 시기를 경험하고 있다. 몇십 년 전의 물질과 환경에 대한 믿음은 신뢰할 수 없으며, 옛것에 대한 향수는 굳이 곁에 두지 않아도 될 만큼 새로운 것이 대두되고 좋아지고 있다.

그러나, 나 자신이 어디에서 성장해왔는지, 어디에 살고 있는지 인식한다면, 과거에 대한 모든 것을 부정할 수는 없다. 정신적 가치와 그 발판을 딛고, 현재로 이어져 왔다는 사실을 이해해야 한다.

그 변화 자체에 대한 믿음이 미래를 올바른 방향으로 이끌어 주는 원동력이 되기 때문이다.

7.2

子曰: "默而識之, 學而不厭, 誨人不倦, 何有於我哉?"

■ 관련: 1.6 則以學文

:: **해석**

공자께서 말씀하시길, "묵묵히 그것을 마음에 새기고, 배움을 싫증 내지 않으며, (다른 사람을) 가르침에 게으르지 않은 것, 무엇이 나에게 있는가?"

7.3

子曰: "德之不脩, 學之不講, 聞義不能徙, 不善不能改, 是吾憂也."

■ 관련: 1.4 吾日三省吾身
1.6 弟, 學

:: **해석**

공자께서 말씀하시길, "덕을 수양하지 않는 것, 학문을 연구하지 않는 것, 의로움을 알면서도 실천에 옮기지 못하는 것, 선하지 못한 점을 고치지 않는 것, 이것이 내가 걱정하는 일이다.”

참고

학(學)과 강(講)의 차이, 강(講)은 배운 것을 엮어 나간다는 뜻이다. 배운 것(學)들을 기초로 새로운 학(學)을 만들어가는 것을 의미한다. 학생(學生)은 배움을 삶으로 여기는 사람, 학자(學者)는 학문을 하는 자, 일반적 지칭, 학자(學子) 학문을 통해 수양을 이루는 사람, 학자(學資)는 배운 것을 자산화, 돈벌이(직업의 기반)로 활용하는 사람이다.

현대 사회에서는 학자(學子)보다 학자(學資)를 선호하는 경향이 높아졌다. 개인의 이익을 추구하는 성향이 커지지만, 국가, 사회에 대한 공경, 제(弟)의 정신을 잃어가고 있기 때문이다.

7.4

子之燕居, 申申如也, 夭夭如也

- 관련: 1.6 弟
  1.7 賢賢易色, 謂之學矣

:: 해석

공자께서 여유롭게 지낼 때면, (몸을) 펴고 또 펴서 늘리며, (몸을) 굽히고 또 굽히셨다. (유연하게 하셨다)

:: **해설**

어질고 또 어진 현자는 세상 만물을 쉽게 여기는 것뿐만 아니라, 자기 몸 또한 쉽고, 편안하게 만듦으로써 신체와 정신, 모두의 균형을 유지한다. 얼굴과 몸이 편안함을 느낄 때, 마음 또한 평안하게 되기 때문이다.

몸을 펴서 늘리고, 다시 굽히는 반복 과정은 현대의 요가나 스트레칭과 동일하다. 그것을 통해 신체의 유연성이 확보되고, 지속적 학문 활동을 위한 신체적 기반이 제공된다. 유연성을 잃고, 몸이 경직되면 생각 또한 경직되기 쉽다. 공손함(弟)은 나를 굽히는 유연성에서 비롯된다.

7.5

子曰: "甚矣, 吾衰也! 久矣, 吾不復夢見周公."

■ 관련: 1.7 事君能致其身

:: **해석**

공자께서 말씀하시길, "심하다, 내 늙었음이! 오래되었다, 내가 꿈에서도 주공을 뵙지 못함이!"

7.6

子曰: "志於道, 據於德, 依於仁, 游於藝."

■ 관련: 1.2 君子務本, 本立而道生, 孝弟也者, 其爲仁之本與
1.6 以学文

:: **해석**

공자께서 말씀하시길, "올바른 길(道)에 뜻을 두고, 덕(德)에 근거하며, 인(仁)에 의지하고, 예(藝)에 노닐어라."

참고

육예(六藝): 예(禮), 음악(樂), 활쏘기(射), 수레 몰기(御), 글(書), 수(數)

7.7

子曰: "自行束脩以上, 吾未嘗無誨焉."

■ 관련: 1.8 君子不重則不威, 學則不固. 主忠信, 無友不如己者

:: **해석**

공자께서 말씀하시길, "속수의 예를 행한 사람 이상이면, 내가 가르치지 않은 적이 아직 없다."

:: **해설**

속수(束脩), 말린 고기 열 묶음으로 작은 성의라도 보이면서 배우고자 하는 열성을 갖고 찾아오면 제자로 받아주었다.

7.8

子曰："不憤不啓, 不悱不發, 擧一隅不以三隅反, 則不復也."

■ 관련: 1.4 日三省吾身, 傳不習乎

:: **해석**

공자께서 말씀하셨다. "분발하지 않으면 계도하지 않고, 표현해내지 않으면 일깨워 주지 않으며, 한 방면을 가르쳐준 후 나머지 세 방면에 반응을 보이지 않는다면, 반복해서 가르쳐주지 않는다."

7.9

子食於有喪者之側, 未嘗飽也

■ 관련: 1.6 弟, 謹而信

:: **해석**

공자께서는 상갓집에서 식사하실 때는 배부르게 드신 적이 없었다.

7.10

子於是日哭, 則不歌

■ 관련: 1.6 弟, 謹而信

:: **해석**

공자께서는 곡(상가의 곡소리)을 들으신 날에는, 노래를 부르지 않으셨다.

7.11

子謂顏淵曰: "用之則行, 舍之則藏, 惟我與爾有是夫." 子路曰: "子行三軍則誰與?" 子曰: "暴虎馮河, 死而無悔者, 吾不與也. 必也臨事而懼, 好謀而成者也."

■ 관련: 1.9 愼終

:: **해석**

공자께서 안연에게 말씀하시길, "등용되면 행하고, 버려지면 은둔한다. 오직 나와 너만 이렇게 할 수 있으리라" 하시자. 이 말을 듣고 자로가 말하길, "선생님께서 삼군을 통솔하시게 된다면 누구와 함께하시겠습니까?"

이에 공자께서 말씀하시길, "나는 맨손으로 호랑이를 때려잡고 맨몸으로 강을 건너다가 죽어도 후회하지 않는 사람과는 함께하지 않는다. 반드시 일에 임하면 두려워하여, 잘 계획하여 일을 성취하는 사람이어야 한다."

7.12

子曰: “富, 而可求也, 雖執鞭之士, 吾亦爲之. 如不可求, 從吾所好.”

■ 관련: 1.6 弟, 學
1.8 君子不重則不威, 學則不固. 主忠信

:: **해석**

공자께서 말씀하시길, “부가 추구할 만한 가치가 있는 것이라면, 채찍을 잡고 휘둘러 고관대작의 길을 트는 직업(執鞭之士)이라도, 나 역시 할 것이다. 추구할 만한 것이 아니라면, 내가 좋아하는 바를 따르겠다.”

:: **해설**

현대 사회의 많은 조직을 가만히 살펴보면, 집편지사(執鞭之士)가 적지 않게 존재한다. 누가 시키지도 않았는데, 충(忠)이라는 미명 아래 스스로 그렇게 행동한다. 공손함(弟)은 사라지고, 오직 고관대작의 앞길에만 관심이 있다. 그렇게 함으로써, 자신의 밥벌이(富)가 유지된다고 믿기 때문이다. 그 일이 익숙해지고 심해지면, 가차 없이 채찍을 사람들에게 휘두른다. 추구해야 할 가치가 부(富)라고 생각하기 때문이다.

한 명 한 명의 인생의 가치를 올바로 세우는 것이, 개인, 사회, 국가적으로 얼마나 중요한 일인지 교훈으로 전달하고 있다.

7.13

子之所愼, 齊·戰·疾

■ 관련: 1.9 愼終, 追遠民, 德歸厚矣

:: **해석**

공자께서 신중히 하시는 바는 국가의 (평안과 안녕을 위한) 질서, (생사와 존망이 걸린) 전쟁, 그리고 (많은 생명에 영향을 주는) 질병이었다.

:: **해설**

공자께서 진실로 신중히 생각하시는 것은 국가를 재앙으로 몰고 가는 것들이다. 전쟁과 전염병 등 질병에 대해서는 누구나 쉽게 이해할 수 있다.

하지만, 질서 체계(齊)는 그 진실한 모습과 형태를 이해하기가 쉽지 않다. 국가 정치 체계의 혼란, 사회 계층 간 혼란, 가정 내 위계의 혼란은 질서를 뒤틀고, 안정과 평화를 멀리한다. 혼란을 부추기고, 질서를 파괴하려는 사람이 있다면, 그 사람이 추구하는 궁극적인 방향이 서민을 위한 것인지 살펴봐야 한다. 그 덕(德)이 귀결되는 곳이 서민들을 위한 것이 아니라면 올바름을 역행하는 일이다.

7.14

子在齊聞〈韶〉, 三月不知肉味, 曰: "不圖爲樂之至於斯也."

■ 관련: 1.9 愼終, 追遠民, 德歸厚矣

:: **해석**

공자께서 제나라에서 「소」를 들으신 뒤, 석 달 동안 고기 맛도 모르는 채 식사하시고, 말씀하시길, "음악이 이런 경지에 이를 수 있음을 몰랐구나!"

참고

소(韶): 고대 순임금의 음악. 태평천하를 이룬 성인(聖人) 시대의 음악이라, 가히 아름다웠을 것으로 추정하나, 전해오는 음악이나 알려진 역사적 자료는 없다.

7.15

冉有曰: "夫子爲衛君乎?" 子貢曰: "諾. 吾將問之." 入, 曰: "伯夷·叔齊, 何人也?" 曰:"古之賢人也." 曰: "怨乎?" 曰: "求仁而得仁, 又何怨?" 出, 曰: "夫子不爲也."

■ 관련: 1.10 夫子溫良恭儉, 讓以得之. 夫子之求之也, 其諸異乎人之求之與

:: **해석**

염유가 말하길, "선생님께서 위나라 임금을 도와주실까?" 하자. 자공이 말하길, "그래, 내가 선생님께 여쭤보겠다."

자공이 들어가서, 말하길, "백이와 숙제는 어떤 사람이었습니까?" 하자. 공자께서 말씀하시길, "옛날의 현인이었다" 하셨다. 자공이 묻기를, "원망했습니까?" 하자 공자께서 말씀하시길, "인을 추구하여 인을 얻었는데, 또 무엇을 원망했겠느냐?" 하셨다.

자공이 나와서 염유에게 말하길, "선생님께서는 위나라 임금을 돕지 않을 것이네."

7.16

子曰: "飯疏食飮水, 曲肱而枕之, 樂亦在其中矣. 不義而富且貴, 於我如浮雲."

■ 관련: 1.14 君子食無求飽, 居無求安, 就有道而正焉

:: **해석**

공자께서 말씀하시길, "나물(생계유지를 위한 거친 식사) 먹고, 물을 마신 뒤에 팔을 베고 누웠으니, 그 가운데도 즐거움이 있다. 의롭지 않은 방법으로 부귀를 얻는 것은, 나에게는 뜬구름과 같다."

7.17

子曰: "加我數年, 五十以學 易, 可以無大過矣."

■ 관련: 1.7 賢賢易色
2.4 吾十有五而志于學, 六十而耳順, 七十而從心所欲, 不踰矩

:: **해석**

공자께서 말씀하시길, "나에게 몇 년의 시간을 더한다면, 학문에 뜻을 둔 지 50년이 되어, (세상만사가 순리에 의해) 쉬워질 것이다. 가히, 세상일에 큰 지나침이 없게 될 것이다."

:: **해설**

공자께서 15살에 학문에 뜻을 두었고, 50년을 더하면 65세 정도, 세상의 일을 순리에 따라 듣고 이해하게 되는 단계(易色), 즉 이순(耳順)을 훌쩍 넘긴, 60대 중반 이후이다.

그리고, 몇 년 후에는 순리에 따라 삶을 이루는 종심(從心, 70대)에 이르러, 세상일에 허물을 만들지 않는다. 즉, 지나침이 없는 단계 이르게 된다.

참고

간혹, 세간에서 7.17구절을 두고, "몇 년 후, 50세에 이를 때까지 주역(易)을 공부하면, 통달하게 되고, 그(天命)에 따라 세상을 사는 것이 허물이 없게 된다"라는 해석을 종종 볼 수 있다.

주역은 기본적으로 하늘의 운세를 점치기 위한 글(書)이다. 논어의 어느 구절도 비

과학과 상식을 벗어난 일을 추종하는 글귀는 없다. 주역에 따라 세상 사는 일을 정하고, 그에 따라 허물이 없게 되었다는 해석은, 공자의 사상을 용한 역술집의 사상 수준으로 폄하하는 일이다.

공자께서, 역술에 의존해서 학문을 하고, 역술에 의존해서 나라의 정치를 논했는가? 이를 추종하고 사상을 받아들인다면 참으로 안타까운 일이다. 참고) 5.17구절

7.18

子所雅言, 《詩》·《書》·執禮, 皆雅言也

- 관련: 2.2 詩三百, 一言以蔽之, 思無邪
  2.3 齊之以禮, 有恥且格

:: **해석**

공자께서 우아한 언어로 여기시던 것은 『시경』과 『서경』 및 예를 다스리는 언어이다. 이것들은 모두 아름다운 언어이다

7.19

葉公問孔子於子路, 子路不對. 子曰: "女奚不曰, 其爲人也, 發憤忘食, 樂以忘憂, 不知老之將至云爾?"

:: **해석**

섭공이 자로에게 공자에 관하여 물었는데, 자로가 대답하지 않았다. 이에 공자께서 말씀하시길, "너는 왜 답하지 않았느냐? 그 위인은, 분하면 밥 먹기를 잊고, 음악으로 근심을 잊으며, 늙는 것도 잊고 사는 사람입니다."

:: **해설**

이 구절은 이해하기가 쉽지 않은 구절이다. 섭공이 물어본 의도를 공자가 대답한 말로 유추해야 하기 때문이다. 우선 섭공이 누구인지? 왜 물어보았는지? 당시 시대적 상황에 비추어 이해해야 한다.

이때는 대략 공자 나이 60세 정도로 노나라를 떠나 갖은 고초를 겪어 가며, 유랑을 한 지 6년이 넘은 시기이다. 당시 평균 수명을 고려해 볼 때, 지금으로 치면 80대를 넘은 노인이다.

하지만, 아직 열정과 의지가 누구보다 적지 않다. 자신의 사상과 정치 방식을 알아줄 제후를 찾아, 전국을 떠도는 가운데, 섭공이라는 제후가 그의 첫째 제자인 자로에게 공자의 인물됨을 물어본 것이다. 지금으로 비교하면, 청와대 하마평 정도가 될 것이다.

그런 상황에 답변하지 않은 자로의 숨은 뜻은 드러나 있지 않지만, 논어에 이 구절을 술이 편에 실었다면, 그 의도가 있을 것이다. 먼저 공자께서 말씀하신 의도를 다시 풀어서 살펴보자.

"나는 이런 사람입니다. 정의롭지 못한 분한 일이 나라에 일어나면 식사조차 못 하는 의로움을 지니고 있지만, 음악으로 세상의 걱정거리를 잊고 스트레스를 해소하며, 비록 늙었지만 아직 늙어감을 알지 못하는, 정신이 젊은 사람입니다."

즉, 다시 설명하면, 국가를 위해 올바르게 일할 수 있으며, 음악을 좋아하기 때문에 일에 대한 스트레스 관리가 가능하며, 나이는 조금 있으나 아직 몸과 정신이 늙지 않은 사람이라는 의미이다.

발분망식(發憤忘食)은 국가에 대한 충(忠)을 의미하지만, 인간의 근본적인 속성 인(仁)을 의미하기도 한다. 어질다(仁)는 것은 착하고, 선한 것 이외에도 학문을 통한 세상의 일에 대한 통찰(賢賢易色)을 의미한다. 7.16절에서 이야기한 것처럼, 50년간 학문에 정진하여 세상의 순리(耳順)를 이해하게 되었고, 세상의 일들이 쉽고, 편안하게 되었다는 의미이다. 이런 인재가 정치하는 국가는 올바른 길로 나아가게 될 것이다.

결론적으로 7.19절은 고위 관료를 선발하는 기준이 무엇인지 교훈으로 주고 있다. 첫째가 정의를 기초로 올바른 생각을 갖고 있는지 여부이며, 두 번째는 스스로를 다스릴 수 있는 능력이 있는가? 자신을 다스리지 못해 부하에게 욕과 스트레스를 전가하는 사람이라면 곤란하다. 세 번째는 생각이 늙어 완고하고, 고집에 치우치는 사람을 배제함이다. 즉, 유연한 정신과 신체를 가진 사람이다.

누군가를 뽑아야 한다면, 논어에서 제시하는 공자의 기준을 활용하는 것도 좋은 방법이라 여겨진다.

7.20

子曰: "我非生而知之者, 好古, 敏以求之者也."

■ 관련: 1.16 不患人之不己知, 患不知人也

:: **해석**

공자께서 말씀하시길, "나는 나면서부터 아는 사람이 아니라, 옛것을 좋아하여, 민첩하게 그것을 구한 사람이다."

7.21

子不語 怪·力·亂·神.

:: **해석**

공자께서는 괴이한 일과 힘(권력)에 대한 일과 문란한 일과 신에 관한 일을 말씀하지 않으셨다.

:: **해설**

왜 괴력난신(怪、力、亂、神)을 언어로 표현하지 않았을까? 현대 사회의 영화에서는 괴력난신이 잘 이용되어야 흥행에 성공한다. 즉, 이런 언어는 허구이다. 사실을 기초로 과장을 덧붙이는 작업이 교묘하고, 심해지면 심해질수록 드라마틱하고, 재미있게 된다.

나라를 다스리는 일이, 드라마틱하고 재미를 추구해서는 곤란하다. 나라를 다스리는 일은 따분하게 느껴질 정도로 변화가 적고, 안정을 추구하는 모양이 더 좋기 때문이다.

만약, 나라를 다스리는 사람이 괴력난신(怪力亂神)을 활용한 언어를 사용하고 있다면 경계해야 할 것이다.

7.22

子曰: "三人行, 必有我師焉, 擇其善者而從之, 其不善者而改之."

:: **해석**

공자께서 말씀하시길, "세 사람이 함께 길을 가면, 반드시 나의 스승이 있다. 그 가운데 좋은 점은 본받아 따르고, 좋지 않은 점은 (가려서 나의 허물을) 바로잡는다."

7.23

子曰: "天生德於予, 桓魋其如予何?"

:: **해석**

공자께서 말씀하시길, "하늘이 나에게 덕을 내리셨는데, 환퇴가 나를 어떻게 하겠는가?"

:: **해설**

동양의 사상은 하늘을 우러러 바라보는 것에서 출발한다. 즉, 하늘은 만물을 올바른 방향으로 이끌고, 널리 세상을 이롭게 하는 전지전능한 존재이다.

내가 세상을 올바르게 살고, 하늘에 우러러 한 점 부끄러움이 없는데, 어찌 환태가 나를 해를 입힐 수 있겠는가? 그것을 두려워할 일이 없다. 이는 진정한 군자의 마음가짐이라 할 수 있다.

7.24

子曰: "二三子, 以我爲隱乎? 吾無隱乎爾. 吾無行而不與二三子者, 是丘也."

:: **해석**

공자께서 말씀하시길, "너희들은 내가 숨기는 것이 있다고 생각하느냐? 나는 너희에게 숨기는 것이 없다. 너희들과 함께하지 않은 일이 없다. 이것이 바로 나 공구이다."

:: **해설**

7.19~23구절에서 공자의 학(學)에 대한 자세와 모습을 드러내고 있다. 7.24구절은 제자들에게 얘기하는 형식을 빌려서, 이 글을 읽는 독자에게 이야기하고 있다.

공자는 자신의 글을 확장하여 덧붙이지 말고, 글에 기재되어 있는 부분에 충실하여 읽고 받아들이라 주문하고 있다. 공자가 어떤 숨은 현자를 만나 도를 얻었다는 이야기는 허황된 과장이라는 점을 강조한 것이다.

하늘의 뜻에 따라 의연하게 행동함을 마치 사람의 마음을 조종하는 신출귀몰한 능력자이거나, 하늘의 때를 아는 도인 같은 모습으로 이해함 또한 과장된 믿음이다.

결국, 공자는 평생 공손함(弟)과 배움(學)을 삶의 가치관으로, 실천 원리로 삼아 그 언어와 행동이 어긋남이 없이 살아온 사람이지, 그 이상의 어떤 신비한 힘을 가지고 있었던 사람은 아니라는 점이다. 즉, 공자의 모습과 행동을 과장해서 신성시하지 말라는 의미가 포함된 구절이다.

신성하게 여기는 과정에서, 다시 괴력난신을 추구하는 언어가 난무하게 되고, 그것은 공자 사상의 정수를 받아들이는 형태가 아니라 이단을 추종하는 모습이 되기 쉽기 때문이다.

제7편을 읽다가 이해가 조금 어려운 구절이 있다면, 다시 큰 주제인 제(弟)의 관점으로 돌아가서 생각해 볼 것을 권한다. 제(弟)의 속성을 벗어난 해석을 하고 있다면, 과장됨을 덧붙이는 일이다.

배운 후에 익(習)히는 과정에서 꼭 되돌아보아야 하는 일이기도 하다. 열심히 읽기만 하고 그것의 의미를 차분히 되돌아보는 기회를 갖지 않는 것, 또한, 마음속에 잘 알고 있다는 자만(不弟)이 포함되어 있기 때문이다.

사람은 생각보다 그렇게 똑똑하지 않다. 삶의 수많은 단상을 차분히 들여다보면, 놓치고 있는 시각과 관점이 수없이 많이 존재한다. 그래서, 더욱 제(弟)라는 속성이 필요한 이유이다.

7.25

子以四教, 文·行·忠·信.

:: **해석**

공자께서는 네 가지를 가르치셨으니, 글(文)과 행(行)과 충(忠)과 신(信)이 그것이다.

7.26

子曰: "聖人, 吾不得而見之矣. 得見君子者, 斯可矣."

:: **해석**

공자께서 말씀하시길, "성인은 내가 만날 수 없을 것이니, 군자라도 만날 수 있으면 좋겠구나!"

7.27

子曰: "善人, 吾不得而見之矣. 得見有恒者, 斯可矣. 亡而爲有, 虛而爲盈, 約而爲泰, 難乎有恒矣."

:: **해석**

공자께서 말씀하시길, "선한 사람은, 내가 만날 수 없을 것이니, 항상 일관된 마음을 가진 사람이라도 만날 수 있으면 좋겠구나! 없으면서 있는 체하고, 비었으면서 가득 찬 체하고, 가난하면서 풍족한 체하면, 항심(일관성)을 갖기 어렵다"

:: **해설**

7.26, 7.27구절을 이해하기 위해서는 2,500년 전의 용어가 현재와는 다른 부분을 먼저 이해해야 한다. 성인(聖人)은 왕과 제후를 지칭하는 용어이다. 왕과 제후 중에서도 인격이 높고 나라를 잘 다스리는 덕(德)을 갖춘 군주를 의미한다. 군자(君子)는 군(君)을 종주로 삼는 신하 계층인 경, 대부 중에서 인격이 높고, 학식이 높은 사람을 의미한다.

경·대부 계층은 왕을 뒤바꾸는 역성혁명을 이루지 않는 이상, 왕과 제후 계층으로 올라가는 일이 불가능하다. 그래서 성인(聖人)이 될 수 없다. 시간이 흘러, 후세에 용어에 대한 경계가 흐려지고, 왕조가 뒤바뀌는 일이 반복되다 보니 계층을 떠나 성스러운 일과 행동을 한 사람을 통칭해서 성인(聖人)이라 지칭하게 되었다.

선인(善人)이라는 단어 또한, 위와 유사하다. 현대에서는 선남(善男)·선녀(善女)라고 일반적인 사람을 쉽게 부르지만, 논어가 쓰인 시대에는 함부로 사용할 수 없는 표현이었다. 선인(善人)이라는 단어 자체가 논어에서 5회 사용되며, 선(善)을 이루는 것은 그만큼 어려운 경지를 의미한다. 그렇게 귀하기 때문에, 선(善)이라는 글자 또한 왕과 제후에게 적용하던 글자이다. 선(善)한 성군(聖君)을 찾아

뵐 수 없으니, 군자, 즉, 삶의 일관성을 갖춘 사람이라도 보았으면 한다는 이야기이다.

선(善)이나 성(聖)을 암시적•은유적으로 경이나 대부에 사용하고 있다면, 그것은 불충(不忠)을 의미한다. 질서(禮)를 벗어난 일이고, 공경(弟)이 사라진 처신에 해당한다. 향후 왕위를 뒤바꿀 만큼 무례하고, 불경한 사람이란 뜻이다.

결론적으로 공자는 군자를 추종하였다. 학(學)을 통해 항상 일관된 마음(恒)을 갖추고, 없으면서 있는 척하지 않고, 속이 찬 척하지 않고, 너그러운 척하지 않는 성향(弟)으로 삶을 살았다.

7.28

子釣而不綱, 弋不射宿.

:: **해석**

공자께서는 물고기를 잡기 위하여 낚시질은 했지만, 주낙으로 마구 잡지는 않으셨다. 새를 잡기 위하여 화살을 쏘기는 했지만, 잠자는 새는 쏘지 않으셨다.

:: **해설**

공경(弟)은 인간관계에서 윗사람에 대한 자세로만 한정되지 않는다. 하늘을 두고, 자신의 이름을 걸고, 주변에 대한 모든 것으로 확장될 수 있다. 주변을 이루고 있는 자연과 만물에 대한 제(弟)의 의미를 설명한 구절이다.

공자는 어부도 아니고, 사냥으로 먹고사는 사냥꾼도 아니다. 그렇기 때문에, 굳이 여러 개의 바늘이 달린 주낙을 사용하여 많은 물고기를 잡을 필요는 없다. 화살을 쏘는 사냥도 마찬가지이다. 굳이 고기를 얻기 위해 사냥하는 것이 아니므로, 잠자고 있는 새에게 몰래 다가가 사냥할 이유는 없다.

최근 서양에서 환경과 자연의 파괴 모습을 보고, 자연주의를 부르짖고 있다. 이 구절과 결부 지어서, 공자의 사상을 자연주의라고 표현하는 것은 곡해가 있다. 그런, 자연주의라면 아예 동물을 사냥하지 않고, 먹지 않음이 오히려 바람직하다. 거의 모든 것을 사냥하고, 음식의 대상으로 여기는 대륙인의 관점에서 전혀 어울리지 않는 생각의 틀이다.

애써서 서양의 학문 틀에, 공자의 사상을 짜 맞추려 해서 발생하는 억지이다. 그런 억지를 교과서에 실어, 우리의 학생들에게 열심히 강요한다. 참으로 안타까운 일이다.

여기서 강조하고 있는 것은 우리가 어울려 사는 만물에 대해 공경(弟)하는 정신의 확장이다.

역으로 서양의 자연주의, 환경주의자들이 자신들이 먼저 파괴하고, 문제를 일으킨 전 지구적으로 위기 상황에 대해 솔직하고 겸손한 인식을 표방해야 할 것이다. 위기를 조장하며, 강제하는 규약을 만들고, 홍보하며, 논리적으로 앞, 뒤가 맞지 않는 자연주의라는 생각의 틀을 만드느라 고생할 것이 아니라, 공자의 사상 중에 제(弟)의 정신을 본받고, 배워야 할 것이다.

이는 자연주의 관련 환경 문제 뿐만 아니라, 자본주의 사회 체계에 만연한 탐욕을 다스리는 데에도 유용한 사상의 틀, 도구가 될 수 있다.

7.29

子曰: "蓋有不知而作之者, 我無是也. 多聞, 擇其善者而從之, 多見而識之, 知之次也."

■ 관련: 1.8 君子不重則不威, 學則不固

:: **해석**

공자께서 말씀하시길, "대개 잘 알지도 못하면서 새로운 것을 지어내는 사람이 있지만, 나는 그런 일이 없다. 많이 듣고, 그 가운데 좋은 것을 골라 그것을 따라 행한다. 많이 보고 아는 것, 지식은 그 차선이다."

:: **해설**

이 구절을 이해할 때 주의할 부분이 있다. 배우고, 아는 것을 어떻게 활용할 것인지의 관점에서 바라보아야 한다. 아는 것을 가지고 자산(資産)을 이루기보다 자산(子産)으로 삼아야 한다.

즉, 정신적 기반을 얻고, 그것이 자신의 행위를 이루는 산(産)물이 되어야 함을 강조하고 있다. 그래서 많이 보고 아는 것은 차선이라고 이야기한 것이다. 이 구절 또한 제(弟), 겸손의 관점을 전달하는 교훈이다.

7.30

互鄕難與言, 童子見, 門人惑. 子曰: "與其進也, 不與其退也, 唯何甚? 人潔己以進, 與其潔也, 不保其往也."

■ 관련: 1.8 君子, 無友不如己者, 過則勿憚改.

:: 해석

호향 사람들은 함께 이야기를 나누기가 어려웠다. (그곳의) 한 아이가 공자를 뵙자. 문하 사람들이 의아하게 생각했다.

이에 공자께서 말씀하시길, "(나는) 그 사람이 나아가는 것에 함께하고, 퇴보하는 것은 함께하지 않는다. 어떻게 심하게 대하겠느냐? 사람이 자신을 깨끗이 하고 나아가려 할 때, 그 깨끗한 면을 함께하는 것이며, 그 과거가 (옳다고) 보증해 주는 것은 아니다."

:: 해설

과거의 깨끗함, 더러움이 중요한 것이 아니고, 앞으로 자신을 깨끗이 하고, 나아가고자 하는 마음이 있는지가 중요하다. 그런 사람은 누구라도 만나주고, 깨끗이 한 일을 같이하신 이야기이다. 사람은 무리에 속해 누구라도 어리석게 행동할 수 있다.

그러나, 그 어리석음과 어린 마음을 뒤로하고, 스스로 밝은 길로 인도할 스승을 찾으니, 공자는 당연히 그를 올바른 길로 인도하여 주고, 함께하고 있다.

7.31

子曰："仁遠乎哉? 我欲仁, 斯仁至矣."

■ 관련: 1.8 君子, 無友不如己者, 過則勿憚改.
1.2 孝弟也者, 其爲仁之本與

:: **해석**

공자께서 말씀하시길, "인(仁)이 멀리 있는가? 내가 인(仁)을 원하면, 인(仁)은 곧 나에게 온다."

7.32

陳司敗問："昭公知禮乎?" 孔子曰："知禮." 孔子退, 揖巫馬期而進之, 曰："吾聞君子不黨, 君子亦黨乎? 君取於吳, 爲同姓, 謂之吳孟子. 君而知禮, 孰不知禮?" 巫馬期以告. 子曰："丘也幸. 苟有過, 人必知之."

■ 관련: 1.2 孝弟也者, 其爲仁之本與
1.7 事君能致其身

:: **해석**

진나라 사패가 묻기를, "소공은 예를 아십니까?" 하자. 공자께서 답하시기를, "예를 아십니다" 대답했다. 공자께서 물러가자, 사패는 무마기에게 읍을 하고 그에게 다가가서 말하길, "나는 군자는 편을 들지 않는다고 들었는데, 군자도 역시 편을 듭니까? 노나라 임금이 오나라 아내를 맞이할 때 같은 성을 감추기 위해 그녀를 오맹자라고 부릅니다. 노나라 임금이 예를 안다면, 누가 예를 모르겠습니까?"

무마기가 이 사실을 공자께 아뢰자. 공자께서 말씀하시길, "나는 참 다행이다. 나에게 잘못이 있으면, 다른 사람들이 반드시 나에게 알려준다."

:: **해설**

노나라 임금이 예에 어긋나는 행위를 한 것은 이미 공자도 알고 있다. 그러나, 효(孝)와 제(弟)는 인(仁)의 기본이라고 하였다. 인(仁)을 뒤로하고, 예(禮)를 먼저 찾을 수는 없다.

예(禮)는 현대의 예절이란 의미 보다, 질서에 가깝다. 임금에 대한 충(忠)과 부모에 대한 효(孝)는 질서를 뒤바꿀 수 없는 기본적 사항이기 때문에, 임금의 행위가 예에 어긋나더라도, "그것은 예가 아니다"라고, 답변하는 것은 기본에 위배되는 사항이 발생한다.

7.33

子與人歌而善, 必使反之, 而後和之.

■ 관련: 1.7 與朋友交言而有信

:: **해석**

공자께서 사람들과 함께 노래를 부르는데 노래가 잘 이루어지면, 반드시 다시 부르시고, 이후에 화합을 이루셨다.

:: **해설**

이 구절은 벗들과 교류를 이루는 모습을 설명하고 있다. 집단의 조화와 화합을 이루기 위해서는 활동을 같이하는 것이 최선이다. 이를 통해 신뢰를 쌓고, 우정을 쌓게 된다.

그 여러 가지 활동 중에서도 음악을 같이하는 일은 조화와 화합의 정도가 잘 드러난다. 서로 간의 강점, 약점을 보완하여 노래하지 않으면, 합창에서 좋은 소리를 이룰 수 없다. 잘 부르는 사람만 열심히 크게 소리를 낸다면, 합창의 균형은 어그러지게 된다. 그런 합창을 반복하는 것은 한 사람을 돋보이기 위한 합창이 된다. 합창의 본질이 무너지는 모습이며, 그런 소리는 좋게 들리지 않는다.

모두 다 같이 적절한 소리로, 균형을 이루었을 때, 사람들은 희열과 즐거움을 느끼며, 동질감을 얻게 된다. 그래서, 합창은 일반 대화에 비해서 조화와 화합을 이루는 효율적인 방법이다. 언어의 교류 중에서 가장 빠르고 효과적인 화합의 기회를 제공한다.

7.34

子曰: "文莫吾猶人也, 躬行君子, 則吾未之有得."

■ 관련: 1.7 雖曰未學, 吾必謂之學矣

:: **해석**

공자께서 말씀하시길, "글에 있어서는 내가 다른 사람과 같을지 모르겠으나, 몸소 실천함은 군자의 모습이다. 즉, 나는 크게 얻어야 할 것이 없다."

:: **해설**

공자께서 70대, 종심(從心)에 이르러 하신 말씀으로 추정한다.

7.35

子曰: "若聖與仁, 吾豈敢? 抑爲之不厭, 誨人不倦, 則可謂云爾已矣." 公西華曰: "正唯弟子不能學也."

:: **해석**

공자께서 말씀하시길, "성(聖)과 인(仁)에 대해, 내가 어찌 감히 언급할 수 있겠느냐? 그러나, 그것을 싫어하지 않고, 그것을 가르치는 일에 게으르지 않는다. 즉, 그렇게 하고 있을 따름이다." 하시자 공서화가 말하길, "이것이 바로 저희가 능히 따라 하지 못하는 점입니다."

7.36

子疾病, 子路請禱. 子曰: "有諸?" 子路對曰: "有之. 〈誄〉曰, '禱爾于上下神祇.'" 子曰: "丘之禱久矣."

:: **해석**

공자께서 병이 위중해지자, 자로가 기도를 드리자고 청했다. 공자께서 말씀하시길, "무릇, (그런 일이) 있었느냐?" 하시자. 자로가 대답하길,

"그런 일이 있었습니다. 기도 주문에 '천지신명에게 빕니다.'라 했습니다"라고 했다. 이에 공자께서 말씀하시길, "내가 그렇게 빌어(기도해) 본 지는 오래되었다."

:: **해설**

공자의 시대에는 병이 위중하면, 천지신명에게 비는 것 외에는 특별히 할 수 있는 방도가 없었다. 그래서 무속인을 통해 기도를 올리자는 자로의 청이었으나, 공자는 거절한다.

공자는 당시 사회적 관점에서 볼 때, 아주 독특한 인물이라 할 수 있을 것이다. 모두가 자신이 병들고 위중하면, 어떤 신이라도 의지하던 시대에, 그것을 허락하지 않았다. 신에게 의지하지 않을 정도로 자신의 사상이 세워져 있기 때문에, 절박한 상황이라도 그것은 의미 없는 일이라 여긴 것이다.

수도와 수행을 오래 한 사람의 경우, 자기 신체가 병들고 아픈 상황에서도 항상심을 잃지 않는다. 그런 모습은 바로, 군자의 자세이기도 하다.

7.37

子曰: "奢則不孫, 儉則固, 與其不孫也, 寧固."

:: **해석**

공자께서 말씀하시길, "사치스러우면 불손해지고, 검소하면 고루한데, 불손한 것보다는 차라리 고루한 것이 더 낫다."

7.38

子曰: "君子坦蕩蕩, 小人長戚戚."

■ 관련: 1.8 君子不重則不威, 學則不固

:: **해석**

공자께서 말씀하시길, "군자는 마음이 평온하고 너그러우며, 소인은 마음이 항상 근심, 걱정으로 조마조마하다."

:: **해설**

많은 현대인이 걱정이라는 짐을 이고 살아간다. 어린 시절부터 이것을 못 하면 이것이 문제, 저런 기준에 못 미치면 저것이 문제라는 이야기를 듣고 자란다. 남들과 비교해서 조금 떨어지는 구석이라도 보이면, 안달이 나서 조바심과 걱정을 자라나는 아이들에게 주입하면서 키웠기 때문이다.

삶의 굴곡과 어려움이 많았던 부모가 전전긍긍하다 보면, 아이도 그것을 따라서 배우고, 전전긍긍하는 소인이 되기 쉽다. 대부분 사람은 소인(시민)의 모습이기 때문에, 이런 삶의 고리를 끊고, 큰 사람으로 거듭나기가 쉽지 않다. 그래서, "개천에서 용 나온다"라는 이야기를 하게 된다.

배움(學)을 통해 그런 고리를 끊기 위해서, 더욱 교육에 열광한다. 공자 사상의 배움(學)은 그런 고리를 끊고, 항상심을 찾으며, 삶의 평화를 찾기 위한 목적이다. 부와 귀함을 추구하기 위함이 아니다.

현대인들이 배움(學)의 목표를 세우는 방향과는 차이가 있는 듯하다. 부(富)와 권위, 귀함을 얻었다 하더라도, 걱정이 떠나지 않고, 전전긍긍하고 있다면, 돈 많은 소인배일 뿐이다.

7.39

子溫而厲, 威而不猛, 恭而安

■ 관련: 1.8 君子不重則不威, 學則不固

:: **해석**

공자께서는 온화하면서 부드럽고, 위엄이 있으면서 사납지 않고, 공손하면서 편안하셨다.

8편

태백泰伯

| 21구절 |

제8편의 주제는 인간 사회에서의 덕(德)이다. 태백은 장자(兄)를 의미하기도 한다. 장자는 순서상으로 아우(弟)보다 먼저이지만, 덕(德)의 관점에서 양보하고 있다. 그래서 7편에 제(弟)에 대해 먼저 서술하고 있다. 순서보다 더 중요한 것은 덕(德)과 인(仁)이다. 그런 관점에서 순서는 사람이 살아가는 더 큰 대의를 위해 양보할 수 있는 일이다. 예(禮)는 질서를 의미하며, 단순히 나이 등의 숫자로 나타내는 순서를 기준 삼지는 않을 수 있다.

8.1

子曰: "泰伯, 其可謂至德也已. 三以天下讓, 民無得而稱焉!"

- 관련: 1.9 愼終, 追遠民 德歸厚矣
  1.11 父在觀其志

:: **해석**

공자께서 말씀하시길, "태백은, 가히 지극한 덕을 지닌 인물이었다고 할 수 있다. 세 차례나 천하를 양보했는데도, 서민들이 그 사실을 알거나 칭송함이 없을 정도이다."

:: **해설**

태백은 주나라 태왕의 맏아들로, 셋째 아들에 왕위를 물려주려는 아버지의 뜻에 따라 왕위를 양보하고 오나라로 갔다. 그래서, 오태백(吳太伯)이라고도 한다. 세 번이나 왕위를 양보한 태백의 사례를 들어, 덕(德)의 속성을 이야기하고 있다.

덕(德)은 소리, 소문 없이 만인을 이롭게 한다. 그리고 그 행위를 내세우는 일이 없다. 그래서, 태백이 아우에게 왕위를 양보함에도 천하의 사람들이 그 사실을 알 수 없었다.

현실적으로 좀 더 상상해보자. 첫째가 왕위를 동생에게 양보하는 과정에서, 조금이라도 머뭇거림이 있었다면, 첫째를 옹호하는 세력들이 가만히 있지 않았을 것이다. 셋째 왕자가 왕위를 승계한 것이 공표되면, 국민이 그 사실을 모르지 않았을 것이다. 그런데도 국가 혼란 없이 왕위가 자연스럽게 계승이 되었다면, 첫째의 행동이 어설프지도 않았고, 국가 질서의 혼란을 초래하지 않고, 국민이 생업에 종사할 수 있음은 덕(德)을 이루는 행위라 할 수 있다.

대개, 지식을 통해서, 어떤 사업을 통해서 일부, 일시적인 사람들의 생업을 돕고, 잘 살게 만들 수는 있지만, 국민 전체의 질서와 평안에 큰 기여를 이루는 경우는 드물다. 이런 관점에서 보면, 덕(德)을 이루는 행위가 가장 크고, 그다음이 많은 사람의 이익에 기여하는 행위이며, 그다음이 소수의 이익을 위한 행위이며, 그다음이 소수에게 손해를 끼치는 행위이며, 가장 최악이 만인에게 폐를 끼치는 행위이다.

즉, 나라를 다스릴 재목이 안 되는 사람이 자리에 올라, 자신과 소수의 이익을 취하고, 다수에 손해를 입히며 폐를 끼치는 경우, 서민들은 그 고생의 길로 들어서게 된다.

8.2

子曰: "恭而無禮則勞, 愼而無禮則葸, 勇而無禮則亂, 直而無禮則絞. 君子篤於親, 則民興於仁, 故舊不遺, 則民不偸."

■ 관련: 1.13 信近於義, 言可復也.恭近於禮, 遠恥辱也

:: **해석**

공자께서 말씀하시길, "공경하는 마음이 있으나 예(질서)가 없으면 수고롭고, 삼가는 마음은 있으나 예(질서)가 없으면 두려워하며, 용감하나 예(질서)가 없으면 혼란해지고, 강직하나 예(질서)가 없으면 헐뜯고, 비방한다. 군자는 주위 사람(親)에게 돈독하므로, 그 어질음(仁)으로 서민들이 흥하게 된다. (군자는) 오래된 것을 버리지 않으므로, 서민들이 야박하게 되지 않는다."

:: **해설**

앞쪽의 4 구문에 대하여 예의범절보다 질서 또는 예의로 이해하면 이해가 훨씬 쉽다. 군자는 앞의 4개 구문을 거울삼아 처신함으로써, 자신과 주위의 관계를 돈독히 잘 유지할 수 있다. 그 기반으로 나라의 정치를 수행하면, 나라가 평안하게 된다. 그러면, 서민들은 흥하고 잘살게 된다.

반대로, 정치를 수행하는 신하 계층에서 헐뜯고, 비방하며, 서로의 이익을 위하기 시작하면, 서민들의 삶은 눈에 보이지 않게 된다.

군자(신하 계층)가 예부터 내려오는 질서(법, 명령 포함)와 풍습, 물질을 소중히 여기고, 함부로 버리지 않는다면, 서민들도 그에 따라 삶의 유지가 쉽게 되어, 인심이 야박하지 않게 된다.

8.3

曾子有疾, 召門弟子曰: "啓予足, 啓予手.《詩》云, '戰戰兢兢, 如臨深淵, 如履薄氷.' 而今而後, 吾知免夫, 小子!"

■ 관련: 1.13 不失其親, 亦可宗也

:: **해석**

증자가 병이 들어, 제자들을 소집하여 말하기를, "내 다리와 같음을 일깨워 주는구나, 내 손과 같음을 일깨워 주는구나. 『시경』에서 말하기를 '전전긍긍하는 것이, 마치 깊은 연못 위에, 얇은 얼음을 밟고 서 있는 것 같다'라고 했는데, 지금 이후에는 내가 이것에서 벗어나게 되었음을 알겠구나, 애들아."

:: **해설**

이 구절을 해석할 때는 증자의 관점에서 생각해야 한다. 만일 내가 증자라면 어떻게 할 것인지 상상한다면 이해가 더 빠를 수 있다.

내가 심한 병이 들어, 한겨울 깊은 연못 위에 살얼음을 밟고 있는 것 같다고 생각해보라. 얼마나 마음이 조마조마하겠는가? 육체적으로는 움직이기도 어려운 상황이다. 그 상황에서 내가 소원하는 것은, 오직 내 자식들과 같은, 내 수족 같은 제자들을 임종 전에 볼 수 있다면 원이 없을 것이다.

인간 삶의 시작과 끝은 비슷한 점이, 가장 가깝고 친한 사람이 곁에 있다는 것이다. 가장 의지하고, 믿는 사람들이다. 그런 사람이 곁에 없이 시작하는 삶과 죽음은 고아의 삶의 시작이고, 고독사이다. 비록 간호하는 누군가 내 곁에 있다 하더라도, 자신이 진실로 보고 싶은 사람과는 다르다. 죽기 전에 마지막 원을 면(免)하는 일은 그리운 사람을 한 번이라도 보고 떠나고 싶은 일이며, 그것은 인지상정(人之常情)이다.

이 구절에서 증자가 제자들을 대하는 태도는, 제자들을 수족(팔, 다리) 같이 생각하는 큰 형의 마음이다. 그래서, 제자들을 소자(小

子)라 표현하였다. 제자들에게 그동안 고생시켜 미안하다는 마음의 표현과 나와 한 몸을 이루는 것 같이 생각하는 마음이 동시에 드러난다.

조금 더 생각한다면, 인(仁)의 관점에서 두 명의 사람이 마주 대하는(與) 것이 아닌, 하나를 이루어 자신의 일부로 생각하는 마음이다. 거리가 더 가까워진 사이를 의미한다.

현대의 언어에서는 이 표현이 전달되고, 전달되어 쉽게 사용되고 있다. '수족(手足)'같이 부린다는 의미로 오히려 빠르게 와 닿는다. 수족 같이 부림은 안 좋은 표현일 수도 있지만, 그런 관계를 활용하여 상위에 충성을 다하고, 충성에 대한 대가를 챙기는 빠른 사람도 있다.

임종 전에 마지막 원(소원)을 들어 드리고, 풀어 드리기 위해 달려가는 것이 오래된 동양적 관습이다. 서양의 영화를 보면, 주로 임종 후 통보받고, 찾아가서 장례식을 치르고, 남은 것(유산)을 정리하는 모습이다. 사뭇, 동양과 서양에서 죽음을 바라보는 시각과 문화의 차이를 상기시키는 구절이다. 동양과 서양의 문화를 비교해 볼 때 어느 것이 더 인간적인지, 여실히 느껴지는 구절이다.

참고

증자는 공자의 제자로 46세 아래이다. 공자 사후 유가(儒家)의 유력한 학파를 형성하였다. 그는 효(孝)와 덕(德)을 강조하였다. 논어의 지면에 할당된 양이 다른 제자에 비해 월등하다. 그 제자들의 세력이 얼마나 강했는지 가늠해 볼 수 있다. 특히, 논어에서, 제자의 언어로 5구절이 연속 할당된 경우는 증자가 유일이며, 제8편은 오로지 공자와 증자의 언어로만 구성되어 있다.

8.4

曾子有疾, 孟敬子問之. 曾子言曰: "鳥之將死, 其鳴也哀, 人之將死, 其言也善. 君子所貴乎道者三, 動容貌, 斯遠暴慢矣, 正顔色, 斯近信矣, 出辭氣, 斯遠鄙倍矣. 籩豆之事, 則有司存焉."

■ 관련: 1.13 君子, 愼於言, 就有道而正焉

:: 해석

증자가 병이 들자, 맹경자가 그를 문병 갔다. 이에 증자가 말하길, "새는 죽음에 임하면, 그 소리가 구슬퍼지고, 사람이 죽음에 임하면, 그 말이 선(善)해집니다. 군자는 올바른 길을 실천함에 귀중히 여기는 것이 세 가지가 있습니다. 자세와 태도가 실린 행동이 난폭하고 오만하게 됨을 멀리하는 것, 안색을 바르게 하여 신의와 믿음을 가까이하는 것, 언어를 표현할 때 비루하고, 과장됨을 멀리하는 것입니다. 제사의 제기를 다루는 일은, 그 같은 일을 하는 실무 담당자가 있습니다."

:: 해설

군자는 세 가지 사항에 대해 올바르게 해야 함을 설명하고 있다. 처신과 안색, 그리고 언어에 대한 교훈이다. 그런 3가지에 대해 가식적인 형식에 치우치는 일을 아주 낮게 평가하고 있다.

그런 일은 '변두지사(籩豆之事)'라는 제사에 쓰이는 제기를 다루는 사람이 주로 하는 일이라 비유한다. 제사에 쓰이는 음식을 제기에 담고, 그것을 제사상에 올리고, 술잔을 올리고, 내리는 것으로 제사를 보조하면서, 위엄 있는 목소리로 과장되게 표현한다. 이런 일이 얼마나 중요한 관직이었겠는가?

제사는 조상의 넋을 기리는 일이다. 그 본질에 충실하여, 정성껏 음식을 마련하여 제사를 지내는 사람이 중심이다. 본질을 잃고 태도, 얼굴색, 언어의 형식에 치우치는 일을 삼가라는 당부이다.

8.5

曾子曰: "以能問於不能, 以多問於寡, 有若無, 實若虛, 犯而不校, 昔者吾友嘗從事於斯矣."

■ 관련: 1.15 如切如磋, 如琢如磨

:: 해석

증자가 말하길, "능력이 있는 사람이면서도 능력이 없는 사람에게 묻고, 학식이 많은 사람이면서도 학식이 적은 사람에게 물어보며, 있으면서도 없는 듯하고, 충실하면서도 비어 있는 듯하며, 다른 사람이 나를 거슬러도 따지지 않는다. 옛날에 나의 벗이 매사에 이렇게 실천했다."

:: 해설

증자의 언어는 마치 한참 인생을 앞서간 선배의 언어, 큰형님의 언어와 유사하다. 마지막으로 남기는 유언과 같이 엄중하다. 인생의 큰 고비를 겪고 난 형(泰伯)이, 아우(弟)에게 조언해주는 것 같다. 하지만, 그 언어는 진중하여 자신을 자랑하지 않고, 교만함이 묻어 있지 않다.

8.6

曾子曰: "可以託六尺之孤, 可以寄百里之命, 臨大節而不可奪也, 君子人與, 君子人也."

■ 관련: 1.13 信近於義, 言可復也.恭近於禮, 遠恥辱也.因不失其親, 亦可宗也

:: **해석**

증자가 말하길, "키가 여섯 자인 어린 임금을 부탁할 수 있고, 사방 백 리 되는 작은 나라의 운명을 맡길 수 있으며, 절체절명이 걸린 일에 닥쳐도, 그의 마음을 빼앗을 수 없는 사람이라면, 군자다운 사람이다. 군자다운 사람이다."

참고

옛날에는 임금을 고(孤), 과(寡), 불곡(不穀)이란 호칭으로 불렀다.

8.7

曾子曰：“士不可以不弘毅, 任重而道遠. 仁以爲己任, 不亦重乎? 死而後已, 不亦遠乎?”

■ 관련: 1.14 君子, 敏於事而愼於言, 就有道而正焉
2.1 爲政以德, 譬如北辰

:: **해석**

증자가 말하길, “선비는 뜻이 크고 의지가 굳지 않으면 안 된다. 임무는 중대하고, 올바른 길은 멀리 있기 때문이다. 자신의 임무 실현으로써 인(仁)을 이룬다, 이 또한 중요하지 않은가? 죽은 후에 이 임무가 끝나므로, 이 또한 먼 길이 아닌가?”

8.8

子曰：“興於詩, 立於禮, 成於樂.”

■ 관련: 2.2 詩三百, 一言以蔽之, 曰思無邪

:: **해석**

공자께서 말씀하시길, “나는 시를 통하여 (마음을) 일으키고, 예를 통하여 (행동을) 세우고, 음악을 통하여 (몸과 마음의 조화를) 완성한다.”

:: **해설**

시(詩)를 통해 마음을 깨끗하게 함으로써 시작하고, 예(禮)를 통해 중간 과정(행동)이 질서 정연하게 이루어지며, 음악(樂)을 통해 조화를 이루어 결과의 즐거움과 편안함을 완성한다.

8.9

子曰: "民可使由之, 不可使知之."

■ 관련: 2.3 道之以政, 齊之以刑, 民免而無恥
1.10 夫子 溫良恭儉讓以得之

:: **해석**

공자께서 말씀하시길, "서민들은 따르게 할 수는 있어도, 그 (정치와 법에 관련된) 지식을 다 알게 할 수는 없다."

:: **해설**

서민은 생업에 종사하기에도 바쁘다. 글을 읽고, 지식을 쌓을 만큼 여력이 되지 않는다. 지식의 분야가 세분되고, 지식의 양이 많아진 현대 사회는 더욱더 그렇다.

그런데도, 서민들이 법을 안다는 전제 아래에서 정치를 한다. 법이 이런 형태로 만들어지면 정당하고, 유리하다는 전제하에 나를 지지해 달라는 정치인이 많다. 논리적으로 앞뒤가 맞지 않는다. 법을 만드는 일은 해당 분야에서 정통한 사람과 법의 체계와 질서에 대해 잘 아는 전문가가 만드는 것이 적절하다. 그런 전문가들이 만든 새로운 법에 대해서, 서민들이 어떻게 평가하고 지지할 수 있겠는가?

사회가 복잡해지고, 분야가 다양해질수록 점점 더 법이 많아지고 있다. 그 내용을 다 알고 살아가기가 어렵다. 2500년 전과 현대 사회 마찬가지이다. 서민들의 본업이 법을 알고, 지키는 것은 아니지 않은가? 그런데도 수많은 법을 만들어 내고, 지키도록 강요한다.

공자의 논어와 노자의 도덕경 모두, '서민은 무지(無知)하도록 한다'고 설명하고 있다. 서민의 본질을 이해하고, 그들을 올바로 이끄는 방향으로 행동하라는 의미이다. 그렇지 못하다면, 지식을 갖추고 올바로 이끄는 행동을 해야 할 사람들이 자신의 본질에 충실하지 못함이다.

서민들에게 책임을 전가하고, 강요하는 모양새이다. 아니면, 생업에 열심히 종사하며 사는 순박한 사람들을 이용해서, 자신에 대한 지지를 확보하려는 얕은 술수가 아닌지 살펴보고, 반성해 보아야 한다.

이를 엉뚱하게 해석하여, 서민들을 지식이 부족한(無知) 계층으로 분류하고, 그들을 비하하는 방향의 언어를 사용하는 지식인이 있다면, 이 또한, 기본을 제대로 갖추지 못하였기 때문이다. 논어 1.2구절에서 언급한 본립이도생(本立而道生)부터 올바로 이해하지 못하고 있기 때문이다. 본질을 세운다는 것의 의미, 그리고 올바른 삶이라는 것의 의미를 8.9절을 살펴보면서, 다시 되새겨야 할 것이다.

서민들은 따듯(溫)하게 감싸고, 선량(良)하게 만들면 충분하다. 서민들이 정치와 법을 이해하고 알아야 할 이유는 없다. 그냥 선량하게 살아가는 삶이면 충분하다. 서민들이 법과 정치를 알고, 그것을 우회하여 부(富)와 권력을 챙기기 시작하면, 나라가 혼란에 빠지게 된다.

학(學)을 통해 지(知)식을 쌓고, 덕(德)을 만인에게 고루 나누는 임무는 선비와 군자의 몫이다. 서민에게 요구할 사항이 아니다. 8.7절 참조.

8.10

子曰: "好勇疾貧, 亂也. 人而不仁, 疾之已甚, 亂也."

■ 관련: 2.3 道之以政, 齊之以刑, 民免而無恥.
1.10 良

:: 해석

공자께서 말씀하시길, "용맹스러운 것을 좋아하면서 가난을 싫어하면, 난을 일으키게 된다. 사람이 어질지(仁) 못하다고 해서, 그것을 너무 미워하면, 난을 일으키게 된다."

:: 해설

대부·선비 등 상위 계층에서 이 구절과 같은 일이 발생하는 경우도 있을 수 있으며, 서민 계층에서 발생하는 경우도 있다.

서민은 흔히 양민(良民)이라고도 부른다. 순박하게 생업에 종사하는 선량한 사람들이다. 용맹스럽지 않고, 겁이 많으며, 가난 속에서도 순박하게 살며, 마음이 착하며 투박하다. 지식이 많지 않으며, 항상심을 유지하지 못하는 여린 사람들이다.

그런 대다수의 서민을 부추기어 용맹하게 만들고, '부유하게 될 수 있다' 추임새를 넣어주고, 법의 우회 방법을 잘 활용할 수 있도록, 지식을 전달하는 일은 사회의 커다란 변화(亂)를 일으킨다.

역사적으로 서민들 대다수가 위와 같이 용맹스럽고, 부유하며, 법에 통달했던 적이 있었던가?

8.11

子曰: "如有周公之才之美, 使驕且吝, 其餘不足觀也已."

■ 관련: 1.3 巧言令色

:: **해석**

공자께서 말씀하시길, "만약 주공과 같은 훌륭한 재능을 가지고 있더라도, 교만하고 인색하다면, 그 나머지는 볼 필요도 없다."

참고

주공(周公): 주나라 건국 공신으로 주나라를 세운 무왕(황제)의 동생이다. 제후에 봉해져서 제후국인 노나라의 시조가 된다.

8.12

子曰: "三年學, 不至於穀, 不易得也."

■ 관련: 1.4 吾日三省吾身

2.3 詩三百, 一言以蔽之, 曰思無邪

:: **해석**

공자께서 말씀하시길, "3년 동안 학업을 닦은 후에도, 벼슬길에 나아가 녹을 받으려고 하지 않는 마음은, 쉽게 가질 수 없다."

8.13

子曰: "篤信好學, 守死善道. 危邦不入, 亂邦不居. 天下有道則見, 無道則隱. 邦有道, 貧且賤焉, 恥也. 邦無道, 富且貴焉, 恥也."

■ 관련: 1.15 未若貧而樂, 富而好禮者也. 如切如磋, 如琢如磨

:: **해석**

공자께서 말씀하시길, "굳게 믿고 배우기를 좋아하며, 죽음으로써 착하고 올바름을 지킨다. 위태로운 나라에는 가지 않고, 혼란한 나라에는 살지 않는다. 천하에 도가 있으면 나타나고, 도가 없으면 은둔한다. 나라에 도가 있는데 가난하고 천한 것은 수치이고, 나라에 도가 없는데 부하고 귀한 것도 수치이다."

8.14

子曰:"不在其位, 不謀其政."

■ 관련: 1.15 富而好禮者也. 如切如磋, 如琢如磨

:: **해석**

공자께서 말씀하시길, "그 직위에 있지 않으면, 그 정무를 도모하지 않는다."

:: **해설**

조직 내에서 질서를 혼란스럽게 만들지 않는 것이 예(禮)이다. 다른 부서의 업무를 넘보고, 간섭하고, 도모하는 것은 질서를 교란하는 일이다. 경험이 많은 사람에게 자문하고, 의견을 묻는 행위와 혼동해서는 곤란하다. 도모(謀)한다는 것은 자신의 영역화 시키거나, 이익을 위해 일에 접근하는 행위 또는 방식을 의미한다.

8.15

子曰:"師摯之始, 〈關雎〉之亂, 洋洋乎盈耳哉!"

■ 관련: 1.15 始可與言《詩》已矣, 告諸往而知來者

:: **해석**

공자께서 말씀하시길, "악관(지휘자) 지(摯)가 (연주를) 시작하자, 「관저」의 악장이 힘차고 힘차게 내 귀를 가득 채워주었다!"

:: **해설**

논어의 구절 가운데, 음악과 연관된 짧은 문장들은 이해하기가 쉽지 않다. 우선 앞뒤 구절에 대한 정확한 이해와 이야기 및 교훈이 전개되는 흐름을 알지 못하면, 자칫 어떤 의미로 이 구절을 넣었는지 알기 어렵다.

먼저, 관련 구절 1.5의 내용을 다시 살펴보자. 단서가 되는 단어는 시(始)작이며, 시(詩)에 관한 내용이다. 그것을 표현하는 방식은 음악(樂)이다. 지휘자(악관)의 이름이 지(摯)이다. 중의적 표현에 해당하며, 고대 음악에서 악장을 난(亂)이라 했다. 이 또한 역사적으로 앞으로 국가가 혼란(亂)의 시기에 도래할 것이라는 중의적 표현에 해당한다.

기존의 것을 알고 새로 도래하는 것에 대해 이해한다는 것, 또한, 힘차게 내 귀에 가득 차는 음악과 맥락이 일치한다. 음악은 이전 악장을 듣고, 다음 악장의 흐름을 미리 짐작할 수 있다. 이런 단서를 바탕으로 하나하나 다시 풀어보자.

관저(關雎)는 시(詩)경의 첫 번째 시(詩)이다. '관관저구(關關雎鳩), 재하지주, 요조숙녀, 군자호구' 라는 구절로 이어진다. '구~욱~ 구~욱~물수리는, 강 섬에 울고, 아리따운 아가씨는, 군자의 좋은 짝'이라는 뜻이다.

관저(關雎)는 물수리이다. 호수나 강에 사는 맹금류이며, 암수가

정이 두텁다. 그 울음소리는 호수 저편의 산을 힘차게 메아리칠 정도로 넓고, 깊게 퍼져 나간다. 마치 군자의 기상과 기품을 지닌 모습이다. 양양(洋洋)이라는 표현은 이런 물수리의 힘찬 소리를 반복하여 묘사했다.

예(禮)와 음악이 추구하는 방향은 모두 '질서와 조화, 균형'이다. 조화가 흐트러질 때는 아름다운 소리가 아니라, 소음이 되어버린다. 사람의 귀와 마음을 가득 채우는 소리는 불협화음이 아닌, 조화를 바탕으로 한 연주이다. 앞으로 다가올 시대의 정치 또한 불협화음이 아닌 질서와 조화, 균형을 기대하는 마음이 드러나고 있다.

하지만, 실제로는 그 바람과는 다르다. 주나라 초기에는 우렁찬 기상으로 힘차게 국가가 시작되었으나, 악장(亂), 즉, 시간이 지속될수록, 혼란이 일어나고 있음을 암시하기도 한다.

8.16

子曰: "狂而不直, 侗而不愿, 悾悾而不信, 吾不知之矣."

:: **해석**

공자께서 말씀하시길, "경망하면서 정직하지 않고, 미련하면서 성실하지 않고, 실속 없으면서 믿음이 가지 않는 사람, 나는 그런 사람에 대해 이해하지 못하겠구나!"

8.17

子曰: “學如不及, 惟恐失之.”

■ 관련: 5.15 子產: 有君子之道四焉, 其行己也恭, 其事上也敬, 其養民也惠, 其使民也義

:: **해석**

공자께서 말씀하시길, “배운 것을 활용하지는 않고, 오히려 그것(배운 것을)을 잃을까 봐 두려워한다.”

:: **해설**

학문을 많이 쌓는 일, 단순히 학문의 수준을 높이는 관점이 아니라, 학문이 삶에 적용되는 쓰임의 관점에서 이해해야 한다. 학문을 쌓고 또 쌓아 지식이 많은 학자가 되는 관점으로 이해하는 것은 학(學)의 목적을 자산(資産)으로 인식함이다.

학(學)의 목적은 자산(子産)이다. 즉, 학(學)을 통해 내 삶을 올바르게 가꾸어 나가는 방향이다. 자기 수양을 통해 자신의 내재된 인성을 가다듬는 높은 수준의 행위를 말한다.

참고

급(及)은 주로 ‘미치다, 이르다’의 뜻으로 쓰이나, ‘작용이 가해지다, 영향을 주다’의 의미로도 사용된다. 본문에서는 후자의 의미이다.

8.18

子曰: "巍巍乎! 舜·禹之有天下也, 而不與焉."

■ 관련: 1.12 禮之用, 和爲貴. 先王之道, 斯爲美, 小大由之

:: **해석**

공자께서 말씀하시길, "높고도 크다! 높고도 크다! 순·우 임금이 세상에 존재하셨음이. 그러나 지금은 함께하지 못하는구나!"

:: **해설**

요순시대를 칭송하며, 현시대의 어두운 현실을 안타까워하는 구절이다.

8.19

子曰: "大哉! 堯之爲君也. 巍巍乎! 惟天爲大, 唯堯則之. 蕩蕩乎! 民無能名焉. 巍巍乎! 其有成功也. 煥乎! 其有文章."

■ 관련: 1.12 先王之道

:: **해석**

공자께서 말씀하시길, "위대하다! 요 임금이여! 숭고하다! 오직 하늘만이 위대한데, 요 임금만이 그것을 본받았다! 넓고 넓다! 서민들이 능히 칭송하지도 못하였구나. 위대하고 숭고하다! 그가 이룩한 공이여! 빛나는구나! 그가 가졌던 문물제도여!"

8.20

舜有臣五人而天下治. 武王曰: "予有亂臣十人." 孔子曰: "才難, 不其然乎, 唐·虞之際, 於斯爲盛. 有婦人焉, 九人而已. 三分天下有其二, 以服事殷. 周之德, 其可謂至德也已矣."

■ 관련: 1.12 先王之道

:: 해석

순임금에게는 신하 다섯 명이 있었는데, 천하를 잘 다스렸다. 무왕이 말씀하시기를, "나에게는 신하가 열 명이나 있다" 하셨다. 이에 대하여 공자께서 말씀하시길, "인재를 구하는 것이 어렵다고 하나, 꼭 그런 것만은 아니다! 요순시대 이후, 이때 인재가 가장 융성했다. 이 가운데 부인이 끼어 있었으니, 이를 빼면 아홉 명이다. 천하의 2/3를 차지하고도, 은나라를 따랐다. 주나라의 덕은, 가히 지극함을 이루었다고 할 수 있다."

:: 해설

무왕(武王)은 주나라를 세운 왕(황제)이다. 8.18, 8.19구절에서 요순시대의 태평천국을 칭송하였다. 그리고 그 요순시대를 이어받아 내려온 은나라를 끝맺고, 주나라를 세운 무왕(武王)에 대해 칭송을 이어가고 있다.

순임금에게는 5명의 신하가 천하를 다스렸다는 의미는 5명의 제후가 다스릴 정도로 국가가 작았다는 의미와 통한다. 주나라 초기에는 10명의 제후가 전국을 나누어 다스릴 정도로 국가의 규모가 커졌다는 의미이다. 국가는 커졌지만, 인재가 부족하지 않았겠는가? 질문에 대한 답으로, '그렇지는 않다'라고 설명하고 있다.

주나라 무왕(武王)은 강태공을 등용하여 천하를 평정한 것으로 널리 알려져 있다. 인재를 구함에 있어서, 종법 제도의 연공 서열을 초월한 파격적인 행보이다. 이웃 나라의 성씨와 혼인 관계를 맺어, 세력을 확장했다. 더욱더 파격적인 것은 그 혼인 관계를 이룬 자기 부인을 통해, 하나의 제후 국가를 다스렸다. 여성을 제후(신하)로 삼았다는 점이다.

그리고, 은나라를 폐위하는 과정에서 기존 왕위를 초토화하는 방법이 아니라, 자연스럽게 이어받아 서민들의 삶에 영향을 주지 않았으니, 그 덕(德)이 지극하다고 설명하고 있다.

덕(德)은 만물이 성장하도록 이끌어준다. 국가에 적용이 되면, 그 국가가 더욱 융성하고 커지는 방향이다. 요순시대보다 국가의 규모가 2배 이상 확장되었으니, 주나라는 덕을 통해 국가를 통치하였음의 객관적 증거가 된다.

참고

바꾸어 생각하면, 현대의 한국과 일본은 국가의 부(富)는 증가를 이룬 듯하나, 그 인구가 빠르게 감소하고, 노화를 이루고 있다. 그것은 그 국민에게 덕(德)이 부족하다는 객관적 증거가 된다. 그만큼 서민들의 삶이 어려워지고 있음을 나타낸다.

8.21

子曰: "禹, 吾無間然矣. 菲飮食而致孝乎鬼神, 惡衣服而致美乎黻冕, 卑宮室而盡力乎溝洫. 禹, 吾無間然矣."

■ 관련: 1.12 先王之道

:: **해석**

공자께서 말씀하시길, "우 임금에 대해, 내가 감히 사이에 끼여 말씀조차 올리기 어렵다. 투박한 음식이지만 (먹고 살기 어려운 시기에도), 효성이 지극하였습니다. 그것은 귀신도 탄복할 정도입니다. 허름한 의복이지만, 아름답기 이를 데 없었습니다. 그것은 수를 놓은 면류관처럼 아름다웠습니다. 궁실은 왜소하고 작았지만, (농사를 위한 일에) 전력을 다했습니다. 그 일은 농사에 필요한 물길(치수 사업)을 이루었습니다. 우 임금은 내가 감히 말씀드리기조차 불가합니다."

:: **해설**

선왕의 올바른 다스림(先王之道)을 그리는 공자의 생각이 드러나 있다. 먹고, 입고, 자는 생활 전반에 대한 공자의 가치관을 설명하고, 교훈으로 전달한다.

이런 문장을 글로 옮기고, 표현하고, 해석하는 것은 보통의 사람이라 하더라도 가능할 수 있다. 그러나, 그 가치를 진실하게 이해하고, 실천함은 실로 어려운 경지이다. 공자가 후세에 대대손손 추앙되고, 존경받는 이유는 학(學)을 통해 지식을 쌓아서 그런 것이 아니라, 몸소 실천으로써, 그 삶의 모습으로 후학들에게 그 가치를 가르쳐 주었기 때문이다.

제8편은 먼저 태어난 사람, 먼저 시간을 선행한 사람이 뒤에 오는 사람에게 어떤 가치를 나누고, 전할 것인지에 관한 이야기였다.

자한子罕

|31구절|

공자께서 가끔 언급하신 말씀을 모아 놓은 구절이다.

9.1

子罕言利與命 與仁

:: **해석**

공자께서는 이익과 명에 대해서는 드물게 언급하셨으며, 이 또한, 인(仁)과 더불어 하셨다.

:: **해설**

제9편은 특이하게, 9편의 주제에 대해 밝히는 것으로 시작하고 있다. 공자는 이익과 사명에 관한 이야기를 자주 하지는 않았으며, 그것에 대해 이야기할 때도 인(仁)의 관점에서 언급하였다.

9.2

達巷黨人曰: "大哉, 孔子! 博學而無所成名." 子聞之, 謂門弟子曰: "吾何執? 執御乎, 執射乎? 吾執御矣."

■ 관련: 1.13 信近於義, 言可復也,
1.14 君子食無求飽, 居無求安
1.15 如切如磋, 如琢如磨

:: **해석**

달항 고을 사람이 말하길, "위대합니다, 공자! 학문에 깊으면서도 명성을 이루는 일에 초월하셨습니다." 공자께서 이 말을 듣고, 문하 제자들에게 말씀하시길, "내가 무엇을 해야 하겠느냐? 마차 몰기에 주력해야 하겠는가? 활쏘기에 힘써야 하겠는가? 나는 마차 몰기나 힘써야 하겠다."

:: **해설**

9.2구절을 이해하는 데는 글자 하나하나를 주의 기울여 살펴봐야 한다. 우선 달항 당인이 등장한다. 당(黨)은 주(州), 향(鄕), 당(黨)으로 나뉘는 지역 구분 명으로, 현대의 도, 군, 읍에서 규모가 가장 작은 읍에 해당하는 고을의 사람이다.

논어의 대화는 대부분 참여자가 대부 또는 사(士) 계급의 귀족이다. 그런데, 여기에 시골 작은 마을의 어떤 사람(人)이 공자를 예찬한다. 귀족 계급을 명시하지 않고, 사람(人)으로 표현하였다. 귀족 계급보다 낮은 층의 사람 또는 누구인지 모르는 지나가는 사람을 지칭한다.

그 사람이 공자를 예찬하고 있다. 공자의 학식에 대해, 그리고 부(富)와 높은 지위에 올라, 귀하게 됨에 집착하지 않는 모습을 있는 그대로 이야기하고 있다. 해석에 주의할 글자는 무소성명(無所成名)이다.

우리가 익히 잘 아는 법정 스님의 유명한 언어, '무소유(無所有)'에 대해 먼저 살펴보자. 같은 문장 구조이다. 소유하지 않음이 아니라, 있는 바에 대해 집착하지 않음이다.

무소성명(無所成名)은 '명성을 이룬 바가 없다'라는 뜻으로 해석하면 곤란하다. 그렇게 해석하는 경우, 공자를 비꼬는 언어로 받아들이게 된다. 철저한 신분제 사회에서 하위 계층에서 감히 상위 계층을 농락하는 경우, 특히, 예를 중시한 공자의 제자들이 가만히 있지 않았을 것이다. 제자들에게 잡혀 몽둥이찜질을 당할 일이다.

'명성을 이루는 바에 대해 집착하지 않는다' 즉, '명성을 이루는 일에 초월하다'라는 뜻으로 이해해야 한다. 무(無)라는 글자의 쓰임이 '없다, 아니다'의 의미 이외에 '초월하다', '집착하지 않다'로 사용될 수 있음을 가려서 적용해야 한다.

그러면, 공자는 이 말을 듣고, 제자들에게 무엇을 여쭤보신 것일까? 왜 갑자기 마차 모는 일과 활 쏘는 것에 대해 비교하고 있을까? 공자가 강조한 여섯 가지 선비가 힘써야 할 배움(六藝)에는 시(詩), 서(書), 예(禮), 락(樂, 음악), 어(御), 사(射)가 있다.

마지막 두 가지, 마차 몰기(御)와 활쏘기(射)는 어떤 의미가 있을까? 활쏘기는 군자에게 자신의 정신 수양을 위한 도구이다. 스스로 자세와 태도를 가다듬기 위해 쓰는 도구이다. 반면, 마차는 이동에 활용되는 도구이다. 즉, 세상을 다니며 무엇인가 행하기 위한 도구이다.

공자는 마차를 끌고 제자들과 함께, 어지러운 세상에 인(仁)과 예(禮)를 기초로 한 정치와 질서 유지를 설파하러 다닌 것이다. 9.1구절에서 9편의 주제는 명(命)이라고 했다. 즉 공자의 천명(天命)을 다시 한번 가다듬은 구절이다.

비록 부(富)와 지위, 명성과는 거리가 먼 일이라도, 의(義)로운 일이라는 천명(天命)에 대한 믿음(信)이 확고하면, 그 언어와 행동은 아무리 어려운 상황에 처한다 하더라도 반복해서 실행할 수 있다. 이 시기가 공자 나이 50대, 지천명(知天命)에 해당한다.

9.3

子曰: "麻冕, 禮也. 今也純, 儉, 吾從衆. 拜下, 禮也. 今拜乎上, 泰也. 雖違衆, 吾從下."

■ 관련: 1.13 信近於義, 言可復也
1.14 君子食無求飽, 居無求安
1.15 未若貧而樂, 富而好禮者也

:: 해석

공자께서 말씀하시길, "삼베로 짠 예모를 쓰는 것이 예(禮)인데, 지금은 명주로 만들어 쓰니, 이는 검소한 것이므로, 나는 사람들의 방법을 따른다. 먼저 대청 아래에서 절하는 것이 예인데, 지금은 대청 위에서 절을 하니, 이는 교만한 것이다. 비록 여러 사람이 어긋나 행하더라도, 나는 대청 아래에서 절하는 예(禮)를 따를 것이다."

:: 해설

공(恭)경이 먼저인가? 예(禮)법이 먼저인가? 어느 것이 더 중요한가? 공경의 표현이 예(禮)이다. 하지만, 현실적으로 비용이 많이 소모된다면, 비용에 유리한 것(利)을 택하는 것이 더 좋다.

공경과 예(禮)는 모두, 사람들 사이의 관계에서 질서를 원만히 유지하고, 사람들에게 손가락질 당하지 않고, 부끄럽지 않기 위함이다. 분수와 형편을 모르고, 예에 집착하는 일은 오히려 관계에 있어서 균형감이 어긋나게 된다. 즉, 인(仁)을 무시한 채, 형식에만 집착하는 일이 되기 쉽다. 자신의 체면치레에 빠져, 주위를 살피지 않는 것 보다, 검소하고 조금 부족함이 더 좋다.

하지만, 형편이 되는 데에도 불구하고, 약간의 노력을 들이면 가능한데에도 불구하고, 예를 표현하지 않음은 공경의 마음이 부족하기 때문이다. 사람들이 관례로 편하게 행동하는 행동이라도, 시간과 장소에 따라 그 공경을 표현하는 마음을 예(禮)절이라는 형태에 담아 드러냄이 필요하다. 그렇지 않다면, 그런 공경의 자세, 마음이 사라지기 쉽기 때문이다.

9.4

子絶四, 毋意, 毋必, 毋固, 毋我.

■ 관련: 1.13 因不失其親, 亦可宗也

:: **해석**

공자께서는 네 가지 일을 절제하셨다. 자기 마음대로 결정하지 않으셨고, 틀림없이 그렇다고 단언하지 않으셨고, 고집하지 않으셨으며, 그리고 자신을 위하는 일이 없으셨다.

:: **해설**

여기서 사용되는 무(毋)는 절대 하지 말라는 금지의 명령이다. 무의는 '뜻이 없다'가 아닌 '(자신의) 뜻에 따라, 마음대로 하는 일을 절대 하지 말라'는 의미이다. 결국 앞의 3개 교훈은 마지막 단어 무아(毋我)로 귀결된다. 자신의 이익(利)을 위하지 않는 자세다.

9.5

子畏於匡. 曰: "文王旣沒, 文不在玆乎? 天之將喪斯文也, 後死者不得與於斯文也, 天之未喪斯文也, 匡人其如予何?"

:: **해석**

공자가 광읍에서 두려운 일을 당했다. 이때 말씀하시길, "문(文)왕은 이미 돌아가셨지만, 그 문(文)화가 여기에 있지 않은가? 하늘이 장차 이 문(文)화를 없애려고 한다면, 이후에, (여기서) 죽는 사람은 그 문(文)화를 같이하지 못할 것이다. 하늘이 아직 이 문(文)화를 버리지 않았으니, 광인들이 나를 어떻게 하겠느냐?"

:: **해설**

광(匡)이라는 글자는 앉은뱅이 '왕'이라는 글자로 사용되기도 하며, '바로잡다', '구원하다', '구제하다'라는 의미로도 쓰인다. "즉, 마음을 바로잡아, 두려워할 일에서 구원하다"라는 중의적 표현이다.

문(文)왕은 주나라 선왕을 의미한다. 그 문왕은 이미 죽은 지 오래지만, 그 문(文)화가 여기에 아직 있다, (9.4, 무의(毋意)에 해당). 하늘이 장차 이 문화를 없애려고 한다면, (9.4, 무의(毋必)에 해당) 필히, 그런 사항이 발생하는 것은 아니다. 이후에, 여기서 죽는 사람은 그 문화를 같이하지 못할 것이다. (9.4, 무의(毋固)에 해당) 즉, 죽음에 이르지 않는 상황을 고집하지 않음이다. 하늘이 아직 이 문화를 버리지 않았으니, (9.4, 무의(毋我)에 해당) 자신에 대한 집착을 버리고 하늘의 뜻(命)에 따름.

하늘의 명(命)은 나에게 문(文)화를 전파하고, 부흥하게 함이다. 그것이 내 사명의 종(宗)주이다. 9.4구절 관련, 죽음에 내몰릴 때도 유연하게 대응한 공자의 일화를 설명한 구절이다.

9.6

大宰問於子貢曰: "夫子聖者與? 何其多能也?" 子貢曰: "固天縱之將聖, 又多能也." 子聞之, 曰: "大宰知我乎! 吾少也賤, 故多能鄙事. 君子多乎哉? 不多也."

■ 관련: 1.14 君子食無求飽, 居無求安, 敏於事而愼於言

:: **해석**

태재가 자공에게 묻기를, "공자께서는 성인(聖人)이신가요? 어째서 그토록 다능하십니까?"하자. 자공이 말하길, "진실로 하늘이 그분을 장차 성인(聖人)이 되게 하시고, 또한 다능하게 하신 것입니다" 했다. 공자께서 이를 들으시고, 말씀하시길, "태재가 나를 알겠는가! 나는 젊었을 때 천한 일을 많이 했기 때문에, 다양한 일을 잘할 수 있다. 군자는 많은 일을 잘해야 하는가? 그럴 필요는 없다."

9.7

牢曰: "子云, '吾不試, 故藝.'"

■ 관련: 1.14 君子食無求飽, 居無求安, 敏於事而愼於言

:: **해석**

금뢰가 말하길, "공자께서 말씀하시기를 '나는 관직에 등용되지 않았기 때문에 재주가 많다.'라고 하셨다."

9.8

子曰: "吾有知乎哉? 無知也. 有鄙夫問於我, 空空如也. 我叩其兩端而竭焉."

■ 관련: 1.14 就有道而正焉, 可謂好學也已
1.15 如切如磋, 如琢如磨

:: **해석**

공자께서 말씀하시길, "내가 알고 있는 것은 과연 무엇일까? 지식에 연연하거나, 집착하지 않음이다. 비루한 대부들이 나에게 (이것저것) 묻지만, 나는 비우고, 또 비움에 이르려 한다. 나는 앎(知)과 비움(無知)의 양단을 모두 두드리는 데 온 힘을 다하겠다."

:: **해설**

9.8구절을 읽으면서, 나의 입가에 미소가 저절로 지어졌다. 공자의 생각을 헤아리는 과정에서 얻어지는 즐거움이 크기 때문이다.

이 구절 해석의 단초가 되는 글자는 무지(無知)와 공공(空空)이다. 무지(無知)와 공(空)이라는 글자는 불가(佛家)의 경전, 반야심경에서 그 의미를 찾아볼 수 있다. 공자 시대 이후, 천년의 시간이 흐른 후, 당나라 초기에 반야심경이 만들어진 것을 고려하면, 공자는 이미 공(空)의 의미를 새기면서, 이 구절을 언급한 것이다. '이렇게 생각의 틀이 엮여 있다는 것을 알게 되다니!' 논어를 읽는 기쁨이 아닐 수 없다.

하나씩 이해해보자. 무지(無知)는 지식에 대한 초월을 의미한다. 즉, 지식에 연연하지 않음이다. 공자는 평생 배움(學)을 추구하고, 그것을 즐거움으로 여기는 삶을 살지만, 지식을 더 많이 채우려 하고, 그것에 연연한 삶을 추구한 것이 아니다. 지식의 양과 깊이에 집착한다면, 그것은 지식을 자산(資産)화하기 위한 노력이다. 무지(無知)라고 표현한 것은 자신의 지식은 제한적이라는 겸손의 의미도 포함되어 있으나, 그것을 '지식이 없다'라는 의미로만 받아들이면 곤란하다. 이는 만물의 이치에 비교하여 자신의 지식이 부족하고, 제한적이라는 한계를 인식함에서 비롯된다.

공(空)이라는 글자를 두 번이나 반복하여 사용하고 있다. 비우고, 또 비우는 상태이다. 무엇이 비워지고 있을까? 지식, 즉 알고 있는 것을 기반으로 세상을 이해함이다. 대부나 제자들이 어떤 것에 관해 물어올 때, 공자는 동일한 답변이 아니라, 그 사람의 상황과 상태에 따라 다른 답을 제시한 것으로 유명하다. 즉 주어진 정답이 존재하지 않다는 점이다. 내가 알고 있다고 생각한 점도, 상황에 따라, 사람에 따라서 바뀔 수 있다. 즉, 사람에 따라 올바른 방법이 바뀐다는 점을 이해하고, 알고 있는 것을 비우는 과정을 공(空)이라 표현한 것이다. 내가 알고 있는 지식을 비우고, 상대의 관점에서 설명함이다.

지(知)의 의미가 알고 있는 것이 아닌, 지(智)혜에 더 가깝다. 항상 일정한 것도 아니고, 채울 수 있는 것도 아니다. 지속적으로 배움(學)의 정진을 통해, 어리석음을 최소화하고, 알고 있는 것에 집착하지 않으며, 그것을 초월한 앎(지혜)이다. 즉, 현자(賢子)의 모습이고, 궁극적으로는 군자(君子)의 모습이다.

그래서 '유지(有知), 즉, 배움(學)과 무지(無知), 그것을 초월하는 것의 양단을 두드리고, 힘쓴다'는 표현으로 마무리하고 있다.

지식을 채우는 과정인 유지(有知)보다 그것을 비우는 관점, 무지(無知)가 더 어려울 수 있다. 무지(無知)를 이루는 방법으로 불가(佛家)에서는 세속의 인연과 관계를 끊어 버리고 절로 들어가 인간관계를 벗어나서 자신을 살피는 방법을 추구한다. 반면 공자의 사상은 인간관계 속에서 관계의 앞, 뒤, 좌, 우를 살피고 이해하는 방식이다. 즉, 중용과 조화, 질서를 실천하며, 현실 속에서 삶을 직시하는 방법이다.

참고

반야심경 구절 인용: "색즉시공 공즉시색(色卽是空 空卽是色)", 세상 만물은 그것을 비운 상태와 같으며, 비움의 상태는 다시 세상 만물이 존재하는 상태와 같다.

9.9

子曰: "鳳鳥不至, 河不出圖, 吾已矣夫!"

■ 관련: 1.14 告諸往而知來者
9.1 命

:: **해석**

공자께서 말씀하시길, "봉황새도 날아오지 않고, 황하에서 그림도 나오지 않으니, 나는 끝났구나!"

9.10

子見齊衰者·冕衣裳者與瞽者, 見之, 雖少, 必作, 過之, 必趨.

■ 관련: 9.1 命與仁

:: **해석**

공자께서 상복을 입은 상주, 예복을 입은 사람이 북 치는 고수와 함께 지나는 것을 보시면, 비록 그 행렬의 수가 적을지라도, 반드시 일어나시고 (예를 취하셨고), 그들이 지난 후에, 길을 달려가셨다.

:: **해설**

급한 일이 있더라도 위와 같은 초상 행렬을 앞질러 가는 것은 예의가 아니기 때문에, 행렬이 작고, 초라하더라도 예를 다하고, 행렬이 지나간 후에 시간을 다투어 달려가신 모습을 설명하고 있다.

9.11

顔淵喟然歎曰: "仰之彌高, 鑽之彌堅, 瞻之在前, 忽焉在後. 夫子循循然善誘人, 博我以文, 約我以禮, 欲罷不能. 旣竭吾才, 如有所立卓爾.雖欲從之, 末由也已."

■ 관련: 9.1 命

:: **해석**

안연이 감탄하여 말하길, "우러러보면 볼수록 더욱 높아지고, 파고 내려가면 갈수록 더욱 단단하며, 앞에 있는 것을 보았는데, 어느새 뒤로 가 계신다. 공자께서는 차근차근 사람들을 이끄시고, 글(文)을 통해 내 지식을 넓혀 주시며, 예(禮)로써 나의 행동을 단속해 주시니, 그만두려고 해도 그만둘 수가 없다. 나의 재능을 다 발휘하여도, 마치 그 앞에 우뚝 서 있는 것 같다. 비록, 따라가려고 해도, 따라갈 길이 없다."

9.12

子疾病, 子路使門人爲臣. 病間, 曰: "久矣哉, 由之行詐也! 無臣而爲有臣, 吾誰欺? 欺天乎! 且予與其死於臣之手也, 無寧死於二三子之手乎? 且予縱不得大葬, 予死於道路乎?"

■ 관련: 9.1 命

:: **해석**

공자께서 질병이 심해지자, 자로가 문인에게 시켜서 가신 노릇을 하게 했다. 병환이 좀 나아지자 공자께서 말씀하시길, "오래되었구나, 유가 거짓을 행한 지가! 가신이 없으면서 가신이 있는 체하다니, 내가 누구를 속이겠는가? 하늘을 속이겠는가! 또한, 나는 가신의 도움 속에서 죽는 것보다 차라리 너희들의 도움을 받으며 죽는 것이 더 낫겠구나! 또한, 비록 내 장례를 성대히 못 한다고 할지라도, 길에서 죽기야 하겠느냐?"

9.13

子貢曰: "有美玉於斯, 韞櫝而藏諸, 求善賈而沽諸?" 子曰: "沽之哉! 沽之哉! 我待賈者也."

■ 관련: 9.1 利

:: **해석**

자공이 말하길, "여기에 아름다운 옥이 있다면, 그것을 궤에 넣어서 깊이 보관하겠습니까? 좋은 값을 받고 파시겠습니까?" 하자. 공자께서 말씀하시길, "팔아야지! 팔아야지! 나는 살 사람을 기다리는 사람이다."

참고

사마천의 사기에 따르면, 자공은 공자의 제자 가운데, 말솜씨와 수완이 좋아서 많은 부(富)를 이루고, 그 부[富]를 기반으로 제후들을 찾아다니며, 예(禮)를 다했으며, 그것을 통해 다시 부를 축적한다. 그 예물의 전달 과정에서, 예(禮)에 따른 절차와 행동이 자연스럽게 형식화되고, 이후 제후들은 그런 대우를 선호하게 되어, 공자 사상이 천하에 전파되는 숨은 공로를 이룬다.

9.14

子欲居九夷. 或曰: "陋, 如之何?" 子曰: "君子居之, 何陋之有?"

■ 관련: 9.1 命

:: **해석**

공자께서 여러 동쪽 오랑캐의 나라에 가고자 하시자. 어떤 사람이 말하길, "거기는 누추할 터인데, 어떻게 하시겠습니까?" 했다. 이에 공자께서 말씀하시길, "군자가 사는데, 어떤 누추함이 있겠는가?"

:: **해설**

3.5구절에서 이적(夷狄), 동쪽과 북쪽의 오랑캐 나라의 문화를 폄하했던 것과는 대조적이다. 북쪽의 유목 민족과는 다르게, 동쪽은 농경을 통해 정착을 이루는 생활 방식을 지녔다. 아직 중원의 문화와 예(禮), 질서가 충분히 전파되지 않은 상황이지만, 중원의 동북부 지역으로, 농경 문화에 따라 체계와 질서를 갖춰가는 나라에 해당한다.

후에, 한반도를 동이(東夷)라 지칭하기도 하지만, 여기서는 아직 중국, 중원에 인접한 나라를 기점으로 그 주변 동북아 국가(연나라)에 해당한다.

9.15

子曰: "吾自衛反魯, 然後樂正, 〈雅〉·〈頌〉各得其所."

:: **해석**

공자께서 말씀하시길, "내가 위나라로부터 노나라로 돌아온 뒤에 음악이 바르게 되었으며, 「아」와 「송」이 각각 제자리를 찾았다."

:: **해설**

공자는 자신의 본국이 주나라의 문화를 이어받은 나라로 여겼다. 그 정통성에 따라 예와 악이 계승되었으며, 그 문화를 추종했다. 위나라에서 본국으로 돌아온 소감을 시(詩)경의 음악을 들어 이야기하고 있다.

참고

시경은 풍(風), 아(雅), 송(頌) 3부분으로 이루어져 있으며, 각 시는 음악에서 활용되었다. 풍(風)은 저잣거리에 흘러 다니는 노래를 수집한 민요에 해당하며, 아(雅)는 조정에서 사용되는 음악이며, 특히 송(頌)은 제례에 사용된 음악이다.

9.16

子曰: "出則事公卿, 入則事父兄, 喪事不敢不勉, 不爲酒困, 何有於我哉?"

:: **해석**

공자께서 말씀하시길, "밖으로 나가면 제후와 경을 섬기고, 집에 들어오면 아버지와 형을 섬기며, 상사에서는 감히 게을리하지 않고, 과음하지 않는 것, 이 가운데 무엇이 나에게 있는가? (즉, 내가 따르지 않을 일이 없다)"

9.17

子在川上曰: "逝者如斯夫. 不舍晝夜."

:: **해석**

공자께서 냇가에 계실 때 말씀하시길, "흘러가는 것이 이와 같구나! 밤낮으로 그치지 않고 흐르는구나!"

:: **해설**

이 구절은 감히, 설명하기가 곤란하다. 수행자는 조용한 계곡 가에 홀로 앉아서, 물이 흐르는 소리에 귀 기울여보자. 시간이 흐름을 가만히 명상해 보라. 그리고, 이 구절을 떠올려 보고, 스스로 감상해 보기를 권한다.

9.18

子曰: "吾未見好德如好色者也."

:: **해석**

공자께서 말씀하시길, "나는 아직 여색을 좋아하는 것처럼, 덕(德) 나누는 것을 좋아하는 사람을 보지 못했다."

9.19

子曰: "譬如爲山, 未成一簣, 止, 吾止也. 譬如平地, 雖覆一簣, 進, 吾往也."

:: **해석**

공자께서 말씀하시길, "비유하자면 산을 쌓는 것 같으니, 한 삼태기의 흙을 쌓는 일이 부족하다고 해도, 중지한다면, 이는 내가 중지한 것이다. 비유하자면, 땅을 고르게 하는 데에 있어서, 단지 한 삼태기의 흙을 부었을지라도, 나아간다면, 이는 내가 전진을 이룬 것이다."

9.20

子曰: "語之而不惰者, 其回也與."

:: **해석**

공자께서 말씀하시길, "알려주면 게을리하지 않는 사람은, 아마도 안회이다!"

9.21

子謂顔淵曰：“惜乎！吾見其進也, 未見其止也.”

:: **해석**

공자께서 안연(사망 후)에 대하여 말씀하시길, “애석하다! 나는 그의 전진을 보았지만, 그가 멈춰 서 있는 것을 보지는 못했다.”

9.22

子曰：“苗而不秀者有矣夫！秀而不實者有矣夫！”

■ 관련: 9.1 命, 利

:: **해석**

공자께서 말씀하시길, “싹이 돋아났으나, 꽃이 피지 않는 것도 있다. 꽃이 피었으나, 열매가 맺히지 않는 것도 있다.”

:: **해설**

공자가 읊은 짧은 시(詩) 한 수다. 삶의 단상, 명(命)을 시(詩)에 담아 표현하고 있다. 어떤 생명은 그냥 돋아나서 푸르름으로 완성을 이룬다. 어떤 생명은 꽃을 피운다. 하지만, 열매를 맺지 못하는 경우도 있다. 어떤 생명은 꽃을 피우고 열매를 맺는다.

어떤 것이 가장 좋은 것인지는 보는 사람의 관점이다. 그 쓰임과 이익 또한 보는 사람의 관점에서 해석할 일이다. 자연은 그 자체로 존재하고, 자신의 명(命)에 따라 살아갈 뿐이다.

시를 해석하는 것은 어리석은 일이다. 스스로 느끼고, 그 의미를 찾는 것이 좋다. 필자가 서툰 언어로 어리석은 짓을 저지르고, 수습하기 급급하여 몇 자 더 적어 사족을 붙였다.

9.23

子曰: "後生可畏, 焉知來者之不如今也? 四十·五十而無聞焉, 斯亦不足畏也已."

■ 관련: 9.1 命, 利
9.22 秀而不實者有矣夫

:: 해석

공자께서 말씀하시길, "앞으로 일어나는 일들은 가히 두려워할 만하다. 어떻게 알겠는가? 앞으로 일어나는 일들이 지금과 같지 못할지? 나이 사·오십 대에는 들리는 것에 집착하지 않게 된다. 이는 한편, 두려움이 부족하기 때문이다."

:: 해설

9.22구절, 공자의 시(詩)를 다시 감상해보자. 9.23구절은 9.22구절과 연계되어 해석된다. 30대에 꽃이 만개하고 활짝 피어나지만, 40대에 열매를 맺지 못할 수도 있다.

열매의 관점, 이익(利)의 관점에서만 바라보면, 40, 50대에는 결실을 보아 명성을 드날리고, 출세해야 한다고 오해할 수 있다. 공자의 사상을 반쪽도 이해 못하는 일이 된다. 삶은 이익(利)의 관점이 아니라, 명(命)의 관점에서 바라보아야 한다는 것을 이야기하고 있다. 자신에게 주어진 사명(命), 그 주어진 역할을 충실히 하면 그만이다.

다만, 40~50대에 이르면, 인생을 닳고 닳아 자신의 중심이 확고해지게 된다. 그렇기 때문에 다른 사람의 말에 귀를 기울이지 않는 실수를 하기 쉽다. 불혹(不惑)과 지천명(知天命) 시기의 특징이다. 목적성만으로 삶을 산다면, 놓치기 쉬운 것이 생겨난다.

그래서 먼저 그 교훈을 전달하고 있다. 열매도 맺고 이익을 주면 좋지만, 모든 꽃이 열매를 맺는 것은 아니다. 그래도 꽃으로 의미가 존재한다. 꽃을 피우지 않더라도, 그 푸르른 생명 자체로도 의미가 있을 수 있다.

모든 생명은 홀로 존재하지 않고, 혼자서 설 수는 없다. 그래서, 주위에 귀 기울이고 순리에 따르는 일(耳順)이 필요하다. 즉, 9.23구절은 60대, 이순(耳順)을 향하는 시기의 사람들에게 주는 교훈이다.

9.24

子曰: "法語之言, 能無從乎. 改之爲貴. 巽與之言, 能無說乎. 繹之爲貴. 說而不繹, 從而不改, 吾末如之何也已矣."

■ 관련: 9.1 命

:: 해석

공자께서 말씀하시길, "법으로 만들어 놓은 문구(언어)는, 따르지 않을 수 없다. 그 문구를 고치는 일은 귀하게 행한다. (드물어야 한다.), (그 문구의 표현은) 공손함이 있어야 하며, 함부로 (지시하고, 명령하는) 언어를 장황하게 만들어서는 안 된다. (법의 문구를) 풀어내는 것을 귀하게 여겨야 한다. (지시, 명령만 하고) 풀어서 설명함이 없으며, 따르게 하기만 하고 개선하지 않는다면, 그것은 어떻게 할 수가 없을 따름이다."

:: 해설

법어지언(法語之言)은 법으로 정해 놓은 공식적인 명령을 의미한다. 즉 법, 제도를 의미한다. 설(說)은 법에 대한 해설, 설명의 의미와 함께, 법에 대한 부속적인 시행규칙, 시행 방법을 의미한다.

현대로 치면 시행령 및 대통령령 정도이다. 법은 있으나, 시행규칙이 없다면, 시행하는 과정에서 혼란이 일어난다. 그 법을 잘 해석하지 않는다면 시행이 어렵게 된다. 법을 장황하게 풀어서 지시, 명령만 늘어놓고, 설명(繹)이 부족한 경우이다. 법을 보는 사람마다 임의대로 해석하고, 다른 관점에서 이해하게 된다면, 본연의 목적과 의도를 벗어나는 일이 생겨난다.

그래서, 법을 다루는 언어는 귀(貴)하게 다루어야 한다고 언급하고 있다. 귀하고 소중한 것을 남발하면 흔하게 되어, 귀(貴)함이 떨어진다. 결국 법이라는 것은 제정과 변경을 최소화해야 한다는 의미도 함께 내포하고 있다.

9.25

子曰: "主忠信, 毋友不如己者, 過則勿憚改."

■ 관련: 9.1 命, 利
9.24 구절

:: 해석

공자께서 말씀하시길, "충성과 신의를 주로 하고, 자기보다 못한 사람을 벗하지 말며, 과실이 있으면 고침을 꺼리지 말라."

:: 해설

이 구절은 1.8구절과 비슷하지만, 여기서는 1.8과는 다르게 무(毋) 글자를 명확히 금지사로 표현하고 있다. 한자를 언어로 사용하는 중국에서, 특히, 많은 학문을 이룬 공자의 제자들이 글자를 가려 쓰지 않고, 동일한 의미를 담았다는 것은 납득하기 어려운 일이다.

9.25구절은 법(法)의 관점에서의 가르침이다. 즉, 법을 다루는 사

람들에게 주는 교훈이다. 법을 수행하는 사람은 충(忠)과 신(信)을 다하고, 자신보다 못한 사람과 벗하지 않아야 한다. 일반적인 보통 사람보다 까다로운 조건이다.

법을 다루는 사람이 어긋난 무리와 벗하기 시작하면, 국가의 법이 어긋나기 쉽다. 이익(利)에 휘말려 법을 만들고, 집행하는 데 활용되기 쉽기 때문이다. 그래서 금지사, 무(毋)를 사용하여 명확히 주문하고 있다.

그리고 잘못된 일이 있을 때는 그것을 고치는 데 꺼리지 말아야 한다. 9.24구절에서 설명한 바와 같이, 올바르지 못한 법을 수정하는 일에 대한 재강조로 볼 수도 있다.

9.26

子曰: "三軍可奪帥也, 匹夫不可奪志也."

■ 관련: 9.1 命, 利
9.24-9.25 구절

:: **해석**

공자께서 말씀하시길, "삼군의 군사(전술가)를 빼앗을 수는 있지만, 필부의 뜻을 빼앗을 수는 없다."

:: **해설**

삼군은 좌군, 우군, 중군, 즉, 제후(국가)의 군대를 의미한다. 지

략과 병법을 활용하여, 그 군대를 좌지우지하는 사람이 군사(帥)이다. 그런 인물도 마음에 들지 않으면, 바꿀 수 있다.

하지만, 한 명의 필부라도, 그 뜻이 올바로 서 있다면, 필부의 뜻을 빼앗을 수 없다. 9.24구절에서 언급한 법을 만드는 필부는 권력이나 이권에 좌지우지되어서는 안 된다는 의미이다. 이는, 나라를 위해 충과 신을 다하기 때문이다.

9.27

子曰: "衣敝縕袍, 與衣狐貉者立, 而不恥者, 其由也與!", '不忮不求, 何用不臧?' 子路終身誦之. 子曰: "是道也, 何足以臧?"

■ 관련: 1.15 未若貧而樂, 富而好禮者也, 詩云, '如切如磋, 如琢如磨, 其斯之謂與

:: **해석**

공자께서 말씀하시길, "해진 솜옷을 입고, 여우나 담비 가죽옷을 입은 사람과 함께 있어도, 부끄러워하지 않을 사람은, 그는 바로 유(자로)이다!", '남을 질투하지 않고 남의 것을 탐내지 않으니, 어찌 훌륭하지 않은가?' 자로가 늘 (시경의) 이 구절만 암송했다. 이에 공자께서 말씀하시길, "이 도리가, 어찌 그다지도 훌륭하다고 할 수 있느냐?"

9.28

子曰: "歲寒, 然後知松柏之後彫也."

:: **해석**

공자께서 말씀하시길, "겨울이 찾아온 후에, 소나무와 잣나무가 (산, 숲의) 청록빛을 새긴다는 것을 알게 된다."

:: **해설**

이 글은 공자가 세상을 떠돌아다닌 후, 다시 노나라도 돌아와서 하신 말씀으로 추정한다. 이순(耳順)을 한참 넘긴 느낌이다.

온 산의 낙엽이 지고, 황량한 가운데, 눈이라도 내리는 경우, 소나무와 잣나무는 더욱 그 푸른 모습이 빛을 발한다. 꽃이 피지 않아도, 열매를 맺지 않아도, 나뭇잎이 화려하지도 않지만, 거칠고 투박한 몸통과 가지에 바늘 같은 잎사귀가 모이고 모여, 온 산의 빛을 초록으로 새긴다.

그 줄기는 마치 노인의 피부처럼 투박하기 이를 데 없는 모습이다. 그렇지만, 한겨울에도 푸르름을 유지할 수 있는 기상이 남아 있다.

감히, 꽃과 열매를 맺는 활엽수도 이를 수 없는 모습이다. 9.22구절을 읽고, 이 구절을 음미한다면, 더욱 그 의미를 느껴볼 수 있다.

9.29

子曰:"知者不惑, 仁者不憂, 勇者不懼."

:: **해석**

공자께서 말씀하시길, "지혜로운 사람은 미혹되지 않고, 어진 사람은 근심하지 않고, 용감한 사람은 두려워하지 않는다."

9.30

子曰:"可與共學, 未可與適道, 可與適道, 未可與立, 可與立, 未可與權."

■ 관련: 2.4 吾十有五而志于學, 三十而立, 四十而不惑, 五十而知天命

:: **해석**

공자께서 말씀하시길, "함께 공부할 수 있어도, 아직 함께 올바른 길로 나아갈 수 있는 것은 아니다. 함께 올바른 길로 향하여도, 함께 굳건하게 설 수 있는 것은 아니다. 함께 설 수는 있어도, 함께 권위에 오를 수 있는 것은 아니다."

:: **해설**

공자는 15세에 학문에 뜻을 두었다고 했다. 같이 학문하는 사람들이 있지만, 모두 같은 방향으로 향하지는 않는다. 저마다의 방향으로 진로를 향한다. 학문의 분야가 세분된 현대에는 더욱 그렇다. 자신만의 적절한 방향을 찾고, 그 기반을 세우는 일이 20~30대에 할 일이다.

30대에 해당 분야의 기초를 닦고, 굳건하게 서는 사람은 40에 이르러 자신의 위치에 흔들리지 않는다. 주위를 기웃거리지 않고, 혹하지 않는 불혹(不惑)의 시기이다. 40대에도 흔들리고, 주위의 권유에 이리, 저리 찾아다니다 보면, 인생의 중 후반인 50대(知天命)에 자기 삶의 방향을 찾기 어렵다.

9.30구절은 논어의 중간 지점을 마무리하는 구절이다. 논어를 읽는 사람이라면 이 구절을 통해 다시 한번 인생의 단계를 되짚어 보고, 방향 설정을 중간 점검할 수 있는 기회로 삼을 수 있다.

9.31

"唐棣之華！ 偏其反而. 豈不爾思? 室是遠而." 子曰： "未之思也, 夫何遠之有?"

:: **해석**

"(저수지) 둑방에 앵두나무꽃이 화려하다! 그 꽃잎들이 뒤집혀 만개해 있구나. 어찌 그것을 생각하지 않을 수 있으리오. 사는 곳이 멀어 안타깝구나!" 이에 공자께서 말씀하시길, "생각이 미치지 못함이지, 무엇이 그리 멀리 있다는 말이냐?"

:: **해설**

앵두나무꽃을 다양한 은유로 해석할 수 있다. 시적 감성이 풍부한 글이다. 봄에 피는 화사한 앵두나무꽃을 그리는 마음에 대해, 공자는 현실적인 관점에서 일침을 가하고 있다. 마치 봄 타는 제자들에게 회초리로 정신 차리게 만드는 모습이다.

마음속에 꽃을 그리고 있는 것은 의미가 없다. 현실을 직시하고, 찾아 가면 된다. 마음속으로만 '공부해야 하는데' 하는 것도 마찬가지이다. 무엇이 힘들고, 무엇이 먼 길이냐! 한 걸음 한 걸음 내딛고 그 길로 그냥 전진하면 될 일이다.

10편

향당 鄕黨

| 34구절 |

향당은 공자의 생활 모습을 묘사하고 있다. 총 34구절로 이루어져 있으며, 이중 10.1에서 10.33까지는 공자의 말씀이나 대화가 아니라, 의(衣), 식(食), 주(住)에 관한 생활의 모습, 그리고, 조정에 나가셨을 때의 모습, 예(禮)법을 묘사하고 있다.

향당은 부록과 같은 구절로 상당히 긴 문장으로 이루어져 있다. 공자의 생활 모습과 태도를 설명하고 있기 때문에, 현대의 우리가 이해하는데 상당히 어렵다. 현대와 현저히 달랐던 2500년 전의 생활 모습의 묘사를 읽고 해석하는 일은 역사학자, 풍속학자에게 어울리는 작업이다. 사상과 생각의 틀을 엿볼 수 있는 구절이 아니기 때문에, 필자는 해석 및 수록의 번거로움을 생략한다.

33구절에 이르는 지루한 묘사의 글이 끝난 후, 10.34구절에서는 공자와 자로의 코믹한 일화가 그려져 있다. 마치 영화의 엔딩 크레딧(Ending Credit) 자막이 5분 정도 올라간 후, 쿠키 영상을 보여주는 듯한 기법이다.

10.34

色斯擧矣, 翔而後集. 曰: "山梁雌雉, 時哉時哉!" 子路共之, 三嗅而作

:: **해석**

(꿩들이) 그 모습을 드러내고, 날개를 펴고 날아가 이후에 다시 모여 앉았다. 공자께서 말씀하시길, "산속의 쓰러진 나무다리 근처의 꿩들은 때를 잘 아는구나! 때를 잘 아는구나!" 자로가 그것(꿩)을 잡아 공자에게 요리해 바쳤더니, 세 번 냄새를 맡고 자리에서 일어나 가버리셨다.

:: **해설**

삶의 모습 가운데, 마음이 어긋나는 부분을 코믹하게 그린 이야기이다.

산속의 쓰러진 나무 기둥(나무다리)은 쓰러져 가는 노나라를 암시한다. 중의적 표현이 여기서도 사용되고 있다. 그런 나무 기둥 근처에 있던, 암꿩(까투리)들이 놀라 날아가는 모습이다. 얼마 날은 후에 유유히 다시 모여들어 있다. 미물인 꿩들도 시기를 잘 알아 날아올라 달아난다. 참으로 때를 잘 아는구나! 감탄에 젖어 있는 공자의 모습이다.

자신은 때를 잘 이루지 못해, 천하를 주유하고 돌아왔지만, 제대로 날개를 펼치지 못하고 귀향한 모습이다. 그런 감상을 아는지 모르는지, 충성심과 용맹이 강한 자로는 그 꿩을 잡아서, 요리해 스승에게 바친다. 아마도, 자로는 꿩이 달아난 것을 공자가 아쉬워하고 있다고 생각했을지도 모른다.

공자의 허전한 마음과 자로의 충성심이 교묘하게 어긋난다. 그 사이에 애꿎은 꿩이라는 매개체가 존재한다. 많은 사람이 이 구절을 해석하는 과정에서 난감을 표현하곤 한다. 제1~9편의 공자와 제자의 대화는 대개 교훈을 주는 것이 목적이었다.

그런데, 이 구절은 교훈을 어떤 것으로 삼아야 할지 난감하다. 왜냐하면, 이 구절은 교훈을 주려는 구절이기보다 짧은 웃음과 미소를 주며 암시와 여운을 남기려는 목적에서 쓰인 글이기 때문이다. 영화의 쿠키 영상에서도, 내용을 전부 드러내지 않는다. 암시와 여운, 다음 편의 기대와 흥미 유발만 전달하는 것이 그 목적이기 때문이다.

굳이, 해석해 본다면, 이 구절은 9편 마지막 구절, 공자의 일침에 대한 제자들의 반격이자, 대응 구절이다. 공자는 9.31구절에서, "현실을 직시하고, 공부해라" 했다.

그런데, 그 학습의 내용(1~9편) 중에 철학적으로 누락된 부분이 있다. 인간의 마음에 관련된 부분이다. 공자의 사상은 관계(孝, 弟, 忠)와 질서(禮)를 중심으로 한, 자기 수양(學, 習)을 담고 있다. 하지만, 정작 인간 정체성의 더 안쪽에 위치한 인간 본연의 마음에 대한 해석과 설명은 없다.

마지막 구절에서 공자의 마음과 자로의 마음이 어떤 상태였을까? 한번 스스로 상상해보라. 자로가 우직하다, 충성스럽다. 공자가 과했다고 정리할 사항도 아니다. 인(仁)의 관점에서 공자의 마음을 살펴보고, 충(忠), 제(弟)의 관점에서 자로의 마음도 생각해 보라. 역으로 공자의 마음을 서(恕)의 관점에서 해석해보라.

대학 철학 강의 시간이라면, 충분히 넉넉한 시간을 두고, 토론해 볼 소재이다. 결론적인 답이 중요한 것이 아니다. 어떤 형태의 다양한 질문을 이끌어 낼 수 있는가에 더 의미를 두는 것이 바람직하다.

사람의 마음은 외부로 보이는 형태와 다르게 더 안쪽에 깊이 위치하기 때문에, 알기가 어렵다. 그것이 드러나는 표현으로 이어질 때, 이 사례와 같이 어긋나는 일이 살면서 비일비재하다. 나는 좋은 의도로 어떤 일을 했는데, 상대는 전혀 다르게 받아들이고, 토라지기도 한다.

논어 제1~9편에서 학습한 사상의 틀로는 설명이 안 되는 상황이다. 즉, 공자 사상이 지닌 범위의 한계성을 웃음을 주는 마지막 장면으로 넌지시 제시하고 있다.

논어 1~9편의 모든 구절에서, 의도를 갖지 않고 수록한 구절은 한 구절도 없다. 모든 구절이 시간과 교훈을 제시하는 순서에 따라 전개된다. 큰 의미가 없다고 여겨지는 구절이 있거나, 의미가 와닿지 않는다면 나의 삶과 별로 관계가 없거나 내가 그 깊은 의미를 제대로 이해하지 못한 것으로 생각하면 틀림이 없다.

어떤 사상도 완벽한 것은 없다. 2,500년 전에 쓰인 공자의 사상 또한 예외는 아니다. 그것을 읽고 받아들이는 사람의 시각에 따라 더 많은 것을 얻을 수도 있고, 아닐 수도 있다.

우리는 태어난 이후 끊임없이 주위를 둘러보면서 배우며(學) 살아간다. 주위와 어울려(有朋) 즐거움과 기쁨을 나누면서 행복(樂)을 느끼기도 한다. 삶을 마감한 후에는 그 사람의 존재가 잊히고(不

知), 평가된다. 이때 다른 사람들에게 원망과 원한을 남기지 않고(不慍) 자연스럽게 잊히는 것이 대개의 삶이다.

욕심으로 자신을 옥죄고, 타인을 강요하는 관계 속에서 살다 보면 놓치기 쉬운 것들이 있다. 자유와 평화, 그리고 행복이다. 욕심에 자유를 빼앗기고, 끌려다니는 삶을 살게 되면, 타인의 자유를 강제하고, 자신의 이익을 취하는 데 바쁘다. 무엇이 그리 바쁜지, 마음의 평화와 고요와 안정은 어디로 사라진 지 오래전이다.

논어는 삶의 자유와 평화를 스스로 지킬 수 있도록 도와준다. 자기 생각의 틀과 질서를 가다듬어, 아름답게 만들어 주고, 사람들과 올바른 관계를 도우며, 즐거움과 덕을 나누어 사회를 같이 밝게 이끌어 주는 보석과도 같은 삶의 지침서이다. 틈틈이 읽고, 생각하고, 체(習)화하여 삶의 평화를 얻기를 기원한다.

부록

제11~20편에 대한 짧은 평론

『논어98』에서는 제11~20편을 수록하지 않았다. 10편에서 설명한 바와 같이 영화의 엔딩크레딧 자막과 쿠키영상이 끝을 맺었기 때문에, 하나의 영화가 종료된 것으로 여긴다. 즉, 제11~20편은 속편에 해당한다.

제11~20편은 전편에 비해 추구하는 방향이 현저히 다르다. 전편은 공자의 언어, 사상이 주를 이루지만, 속편에서는 제자들의 언어가 주를 이룬다. 마치 전편은 공자의 직접 문하 제자(2세대)들이 작성한 것이라면, 후편은 그 제자들이 다시 계파를 이루고, 그 계파의 제자(3세대)들이 2세대 제자에게 들은 내용을 토대로 작성한 것 같은 느낌이다. 3세대 제자들이 계파별로 지면을 나누어 할당하고 작성하는 가운데 전체적인 구조의 일관성이 사라진 듯하다.

물론 후편도 공자의 말씀을 빌려서 설명하지만, 각 구절 구절의 전달 목적이 전편과는 상당히 다르다. 우선, 각 구절의 전체적인 구조와 연관성이 사라진다. 그리고, 각 구절이 교훈으로 주는 내용이 무엇인지, 많이 흐려져 있다. 아울러, 각 편에 따라 문장의 수준이 전편과 상응하는 경우도 있으나, 현저하게 떨어지는 구절들이 많이 있다. 계파 간 힘의 균형에 따라 지면을 할애하였기 때문으로 추측한다. 가장 큰 아쉬움은 사상적 완성이나 교훈보다 2세대 제자(스승)를 돋보이려고, 계파 세력의 영향력에 따라 쓴 구절이 많아졌다는 점이다. 전편과 차이점이 명확히 드러나는 12.17~19 세 구절에 대해 살펴보자.

12.17 季康子問政於孔子. 孔子對曰: "政者, 正也. 子帥以正, 孰敢不正?"
12.18 季康子患盜, 問於孔子. 孔子對曰: "苟子之不欲, 雖賞之不竊."
12.19 季康子問政於孔子曰: "如殺無道, 以就有道, 何如?" 孔子對曰: "子爲政, 焉用殺? 子欲善而民善矣. 君子之德 風, 小人之德 草. 草上之風, 必偃."

12.17 계강자가 공자에게 정치에 관해 묻자. 공자께서 대답하시길, "정치는, 바로잡는 것입니다. 선생께서 올바름으로써 본을 보이면, 누가 감히 부정하겠습니까?"

12.18 계강자가 도둑이 많음을 걱정하여, 공자에게 묻자. 공자께서 대답하시길, "진실로 선생이 욕심을 부리지 않으면, 상을 주면서 도둑질하라고 해도 훔치지 않을 것입니다."

12.19 계강자가 공자에게 정치에 관해 묻기를, "무도한 자를 죽임으로써 도가 있는 나라를 이룬다면 어떻겠습니까?" 하자. 공자께서 대답하시길, "선생께서 다스림을 행하는데, 어떻게 사람을 죽여 그것을 이루겠습니까? 선생이 선(善)하고자 한다면, 서민들도 선(善)하게 될 것입니다. 군자의 덕은 바람 같습니다. 소인의 덕은 풀과 같아서, 풀 위에 바람이 불면, 필히 쓰러지게 됩니다."

계강자는 노나라 대부이며, 실세이다. 환공(제후)의 후손으로 경의 계층에 해당한다. 공자의 제자 염구(冉求, 자, 子有)는 계강자의

가(家)신(관리자)으로 일했다. 12.17~20의 구절을 들어 전편과의 차이점과 특징을 살펴보면 아래와 같다.

전편의 2.20, 6.7구절과는 달리, 계강자(季康子)의 질문에 "孔子對曰"로 답한다. 공자의 이름 전체를 기재하고, 그냥 말하는 것이 아니라, 대답하여 말한다는 표현으로 깍듯이 예를 다하고 있다. 마치 제후(公)가 질문하였을 때 답변하듯이 예를 갖추고 있다. 아마도 염구의 제자(3세대)가 작성한 구절이 아닌가 추정된다. 예(禮)를 강조한 공자 논어의 격식에 어울리지 않는다.

내용상으로 보면 실세인 계강자에게 위와 같이 직접적으로 답변하며 대화하는 일은 현실적이지 않다. 당시의 상황이 아닌, 시간이 흐른 후에, 그런 의지가 실린 공자의 말씀을 가공하여 기재하고 있는 듯한 모습이다.

전편에서 보여주는 공자 사상의 세련된 설명 방식과는 다르게, 직설적인 방법의 표현이다. 이전의 언어에서 주는 느낌과 사뭇 다르다. 관계의 미학(美學)이라기보다, 관계의 하수가 표현하는 방식이다. 자신의 상관 앞에서는 갖은 화술로 총애를 얻으려고 노력하고, 뒤에 가서는 불손한 마음을 쏟아내는 일과 유사하다.

전편에서는 도(道)와 선(善)의 언급이 최소화되어 있다. 도(道)는 의미상 올바른 방법 정도로 사용되었다. 효(孝), 제(弟), 경(敬)의 관점에서, 인(仁)의 관계를 올바로 맺기 위한 관점에서 올바른 길과 방법 정도이다. 그러나, 12.19구절에는 직접적인 정치, 법의 집행 관점에서 도(道)가 언급되고 있다. 그리고, 왕과 제후에게만 가려서 사용하던 선(善)이라는 용어를 서민에게 바로 사용하고 있으며, 소인에게 덕(德)이라는 용어를 사용하고 있다.

노자 도덕경 76장에 나오는 구절 '若民恒且不畏死, 奈何以殺懼之也.' 을 빗대어 설명하는 구절이지만, 언어에 대한 격(格)이 심하게 뒤틀려 있다. 2세대 제자가 아닌 3세대 제자가 작성한 것으로 추측하는 이유이다.

2.1구절에서 공자는 덕(德)으로 다스림을 북극성과 같은 일이라고 비유했으며, 6.30구절에서는 덕(德)은 인(仁)보다 높은 성인만 행할 수 있는 경지라 표현하고 있다. 그런 덕을 소인에게 적용하여 서술한 것은 전편에서 사용된 용어의 격과 표현의 정교함에 비교하면 실로 놀라움을 금치 못하는 파격적 표현이다.

'子欲善而民善矣'을 살펴보면, 이(而)는 좌우가 같다는 동격의 의미이다. 이(而)를 기준으로 계강자와 서민을 같이 놓고 표현함은 조롱한 것으로 이해할 수밖에 없다. 예(禮)를 벗어난 글 장난 같은 표현을 논어의 속편에서는 서슴지 않고 있다.

한편, 공자의 2세대 제자들과는 달리, 예(禮)와 제(弟)의 관점에서 엉성하면서도, 과감한 표현이 사상을 더욱 유연하게 만드는 역할을 했을 수도 있다. 전편에서는 글에서도 항상 예(禮)에 따른 질서가 엄격했다면, 후편에서 그 틀이 허물어지면서, 훨씬 더 후대인 맹자 시대에는 '왕이라 할지라도, 정치를 개, 돼지같이 한다면, 개, 돼지를 바꾸듯이 바꿀 수 있다'라는 급진적인 형태로 유가 사상이 180도 바뀐다. 12.11구절에서 나오는 군군(君君) 신신(臣臣) 부부(父父) 자자(子子) 또한 이런 변화의 중간 모습이다. 임금이 임금다워야 한다고, 정명을 강조하는 맨 앞에서 임금의 역할을 언급하고 있다. 전편에서 언급되고 있는 제(弟), 경(敬), 충(忠)의 관점에서는 신하가 임금(君)에 대해 언급하고, 평가하는 일은 불경한 일이다.

논어 후편의 문구만으로 추정하기에는 한계가 많다. 필자가 후편에 대해 언급한 사항 또한 추정에 지나지 않을 수 있다. 이 점을 가려서 이해하길 부탁드리며, 자세한 연구는 유학을 전문으로 하는 학자에게 기대한다.

참고 자료

1 https: //ko.wikipedia.org/wiki/공자

2 https: //db.itkc.or.kr/
(한국고전종합DB/여유당전서/논어고금주)

3 https: //db.itkc.or.kr/
(한국고전종합DB/부가서비스/경서성독/논어)

4 http: //db.cyberseodang.or.kr/
(논어집주)